大医足迹

（第一辑）

《大医足迹》编委会 编

- 感受穿越时空的生命深刻情感
- 体悟能出能入的超然思想意境
- 洞悉非凡灵魂深处的力量之源
- 深思自我安身立命的艺术人生

 中国出版集团有限公司

 世界图书出版公司
广州·上海·西安·北京

图书在版编目（CIP）数据

大医足迹. 第一辑 /《大医足迹》编委会编. —广州：世界图书出版广东有限公司，2025.7. -- ISBN 978-7-5232-2380-2

Ⅰ．K826.2

中国国家版本馆CIP数据核字第2025NX1902号

书　　名	大医足迹（第一辑）	
	DDYI ZUJI（DIYIJI）	
编　　者	《大医足迹》编委会	
责任编辑	郭军方　曾跃香	
装帧设计	陈美珍	
责任技编	刘上锦	
出版发行	世界图书出版有限公司　世界图书出版广东有限公司	
地　　址	广州市海珠区新港西路大江冲25号	
邮　　编	510300	
电　　话	020-84184026　84453623	
网　　址	http://www.gdst.com.cn	
邮　　箱	wpc_gdst@163.com	
经　　销	各地新华书店	
印　　刷	佛山市剑桥印刷科技有限公司	
开　　本	787 mm×1 092 mm　1/16	
印　　张	12.5	
字　　数	234千	
版　　次	2025年7月第1版　2025年7月第1次印刷	
国际书号	ISBN 978-7-5232-2380-2	
定　　价	93.00元	

编委会

筹备委员会

武耀成　李广华　黄月娥　韦　炜　马云飞　严浩翔　程谦才

徐好清　周淮安　卢小华　管　乐　刘凤红　蒋又祝　丛理泓

狄　龙　张玉梅　苗　霞　韩向阳　欧阳源柳　朱　军　程　霞

周忠伟　张　超　雷今揽　胡素华　杨贤龙　陈绩峰　郁延文

刘长江　陈道统　李红枚

各地执行团队

唐玉芳（大湾区）　张春丽　苏　茜　茅盈盈　车现召　陈　江

释德悟　李长信　吕亮华　曹金祥　黎智祥　李海云　陈志刚

张朝阳　夏东海　吴建平

协力单位

赵凤林皮肤专科　通许第一医院　问医寻药（广州）医药有限公司

广州康达中医院　广州明医堂中医诊所　广州老郎中中医诊所

佛山清藤书屋　湖北中医大学门诊　福建乾富实业有限公司

广州善德苑生物技术有限公司　广州精格净水设备科技有限公司

广州易墨文化有限公司　芒果控股　尚南书馆

第 11 届青年形象设计师技能大赛组委会　智通集团

深圳外商投资企业协会　广州和风番团队　美盈集团

"赵凤林竹罐呼吸疗法"非遗美学溯源团队　开封蜂疗医院

日本滨松初生针灸骨科　黄帝内经传习院　九界中医创始人团队

CCTV 央视新影《华夏中医风》栏目

作者简介

王景辰

中国政法大学法学学士。

"咨询式作家"以解决问题为导向企业原点找"魂"教练——通过自创14种原点定位扫描术为众多企业家找到了清晰的战略定位和使命，通过深度陪伴的方式赋能百家企业实现战略经营反转和升维。

已出版作品:《专注与多元》(暨南大学出版社，2013)、《人性与机制》(中山大学出版社，2017)、《心之力》(中山大学出版社，2018)、《使命的力量I》(中山大学出版社，2019)、《使命的力量II·当下企业家的时代使命》(中山大学出版社，2021)、《日本料理遇见日本民歌》(暨南大学出版社，2022)、《精准定位·让创业家不再迷茫》(暨南大学出版社，2023)等。

曹晴华

《使命的力量》《大医足迹》系列书籍策划人兼执行。

《大医足迹》编委会外联部组负责人。

中国非遗传承网中医会客厅区域落地负责人。

《大医足迹》粤港澳大湾区编委筹委负责人。

科技中医、数字中医宣传大使。

中医养生长寿与自然辟谷系统创始人。

程　涛

九界中医创始人。

通许第一医院互联网医院院长。

世界中医文化研究院副院长。

中国抗衰中心首席专家。

倪海厦中医药学会副会长。

楼观台道医研究院副院长。

CCTV央视新影《华夏中医风》栏目组顾问。

传统东方医学专家学会副理事长。

《大医足迹》系列书稿栏目发起人、策划人。

赵凤林

赵氏中医世家"竹罐呼吸疗法"第三代传承人，河南省皮肤病专家。出生于1928年，行医70多年，专注皮肤病诊疗事业。中华人民共和国成立初期，进修于新乡医学院，在淮阳大连乡卫生院工作，一直专攻皮肤病。20世纪五六十年代，把自己祖上留下验方及配制出癣疮病中药方子等毫无保留地献给全省。结合临床经验，采用中草药＋竹罐疗法，创制出赵凤林竹罐呼吸疗法。

李 新

国家职业资格中医师，赵凤林竹罐呼吸疗法第五代传承人，"李氏中医调肤"第三代传承人。致力于中医"无后遗症"皮肤康复古法调理，向世界传播中医调肤技术事业。融合祖传独特秘方特点创立了第五代竹罐呼吸免疫疗法，从而有效解决了医美后遗症、祛斑后遗症等。

王学中

郑州九界中医科技合伙人。

中医现代化革新者、践行者。

互联网＋中医领军人物。

联合创立九界中医，主导研发中医AI诊疗系统、"301健康管家"等专利产品，构建全产业链平台服务超50万用户。

发起"百县千医"计划培养基层中医3 000余人，设立公益基金推动基层及国际中医发展。

创新《中医百日通》体系，以企业家视角重塑中医认知，倡导"中医即生活智慧"，赋能现代人掌握健康自主权。

初心如磐："为了更多人的生命和健康！"

访谈图片

2024年11月27日，《大医足迹》非遗传承类"赵凤林竹罐呼吸疗法"
中医古法美学溯源团队合影留念

2024年9月27日，赵凤林竹罐呼吸疗法"中医调肤"第五代
传承人李新与弟子合影留念

2024年7月26日，《大医足迹》编委会主
编王景辰一行专访知名皮肤病专家赵凤林
（左一：李朝霞、左二：李新、左三：
王景辰、居中：赵凤林、右一：赵勋明、
右二：李雨轩）

2024年7月19日，《大医足迹》编委
会主编王景辰专访国医大师卢芳医术继
承人暨顾氏截根疗法传承人李保平

2024年7月19日，《大医足迹》编委会主编王景辰专访国医大师
卢芳医术继承人暨顾氏截根疗法传承人李保平弟子何文娟

2024年7月19日，《大医足迹》编委会主编王景辰专访国医大师
卢芳医术继承人暨顾氏截根疗法传承人李保平传承弟子罗婷

2024年7月17日，《大医足迹》编委会主编王景辰一行专访知名皮肤病专家赵凤林
（左一：王景辰、左二：李新、居中：赵凤林、右一：赵勋明）

2024年7月13日，《大医足迹》编委会主编王景辰专访赵凤林竹罐
呼吸疗法"中医调肤"第六代传承人张雪

2024年7月13日，《大医足迹》编委会主编王景辰专访赵凤林竹罐
呼吸疗法"中医调肤"第六代传承人凌利芳

2024年7月12日，《大医足迹》编委会主编王景辰专访赵凤林竹罐
呼吸疗法"中医调肤"第六代传承人阮丽燕

2024年6月26日，《大医足迹》编委会主编王景辰专访非物质文化
遗产楚氏正骨传承人楚天元

2024年6月23日，《大医足迹》编委会主编王景辰专访颈肩腰腿疼痛风湿病蜂疗专
家薛国圈（左一：刘大雪、左二：薛国圈、右二：王景辰、右一：翟梦英）

2024年3月13日，王家龙，曹晴华一行到访中国网健康中国广东会客厅
（左一：王家龙、居中：王景辰、右一：曹晴华）

　　庚子仲夏，万物并秀。2024年5月27日，当《大医足迹》编委会主编王景辰携《大医足迹·寻找中医人的足迹》专访邀约而至时，我深切感受到这位媒体人对中医药的炽热情怀。他的目光中跳动着对千年岐黄之术的敬畏，言语间流淌着对民间中医智慧的追寻热忱。

　　中医药是中华民族的基因密码，更是人类文明的共同财富。我们深知，守护这份文明火种，既需仰望星空的理想，更需脚踏实地的耕耘。

　　《大医足迹》编委会以三个维度构筑中医振兴之路：

　　一曰"寻根"。我们跋山涉水，在阡陌乡野间寻找散落的奇人、奇方、奇术、奇药。记得在豫东某村落，八旬老者用一味野艾治愈顽疾的案例，让我们惊叹于民间智慧的深邃。通过央媒平台的现代叙事，这些深藏民间的中医瑰宝得以拂去尘埃，化作《大医足迹》中跃动的文化符号。

　　二曰"铸魂"。面对脑梗、心梗、高血压等疑难杂症及针灸、正骨等非遗技艺的传承困境，我们以品牌化思维重构其时代价值。2023年秋日，当通许第一医院有效解决36种疑难杂症引发关注时，我仿佛看见千年药香穿越时空，在世界的呼吸中绵延。这种文化共鸣，正是中医药走向世界的密钥。

　　三曰"育人"。在通许田间地头，我亲眼见证村干部从辨药识草到带动产业振兴的蜕变。我们构建的"万人医师计划"，不仅要培育手持资格证的中医人，更要传承"大医精诚"的精神血脉。正如国医大师李佃贵所言："中医传承不在典籍馆阁，而在百姓灶台。"

　　作为通许第一医院副院长，我常以"三重镜鉴"自省：诊室无影灯下，我们是与死神博弈的医者；乡村振兴路上，我们是点草成金的引路人；文化传承途中，我们是接续薪火的守夜人。当团队攻克心脑血管重症治疗难题时，当野生连翘变成百姓的"绿色银行"时，当青年医师在师承仪式上叩拜恩师时，我深知，这就是中医复兴最真实的注脚。

　　此刻执笔，往事历历。从王景辰主编镜头里的执着追寻到团队在太行山巅采药的晨露沾衣，从重症监护室里不眠的守候，到国际论坛上激荡的思想碰撞……这些片段终将汇聚成河，载着中医文明驶向更辽阔的海洋。

　　《大医足迹（第一辑）》不仅记录我们的足迹，更愿成为火种。期待更多同仁携手，以中医之"和"化解现代文明之"疾"，让"天人合一"的东方智慧滋养人类命运共同体。

程　涛　于通许第一医院

2024年5月27日

I

序言2

《医宗金鉴》说："医者书不熟，则理不明。理不明，则识不清，临证游移，漫无定见。"历代医学大家的经历都在告诉我们，拜师学医要多背书，多临床，唯有勤学苦练才能养成好习惯，在临床上胸有成竹，妙手回春。不认真学习，不多学多悟，就是对生命的不负责任。

中华文明的土壤里，孕育了中医的成长。一位好的中医师，也一定是深爱中华文明的人。一位好的中医师，也必定是能为病人解决病痛的好医生。做医生，不能一边看病一边想着赚钱。在这个物欲横流、经济利益至上的社会里，有的中医人却显得"格格不入"。他们会想办法、用最少的时间和金钱解决患者病痛，充分发挥中医简便、效廉的特点和优势，这是每一位中医人都要学习和践行的。不崇洋媚外，不妄自菲薄，坚定自信，通过自身的努力把中医传承好。掌握好《黄帝内经》和《伤寒杂病论》留给我们的理论和技术，用一种在现代人看来近乎严苛的道德标准严以律己，让中医药可以更好地惠及百姓，是每一位中医从业者都要努力践行的最高标准。

德不近佛者不可为医，才不近仙者不可学医。明朝裴一中在《言医·序》中说："学不贯今古，识不通天人，才不近仙，心不近佛者，宁耕田织布取衣食耳，断不可作医以误世！"王景辰笔耕不辍，在其新作《大医足迹（第一辑）》里，几十位受访者中有中医界专家、学者和非遗代表性传承人等，他们无不强调"医德"二字。阅读前辈的事迹，跟随前辈的足迹，让我们亦步亦趋，学习他们的治学方法和多年积累的诊疗经验，对激发和造就新一代中医人的成长发挥着积极的作用。

在这里我们引用国医大师卢芳的话作为总结："读经典，做临床，拜名师，勤笔耕，善演讲。"这是国医大师之路，愿与诸同道共勉！

李保平　作于广州明医堂

2024年8月5日

在中华文化的浩瀚长河中，中医学作为一颗璀璨的明珠，历经千年而不衰。它不仅承载着古人的智慧，更为现代人提供了健康的理念与方法。《大医足迹（第一辑）》这部书，正是对这一传统医学宝藏的深入探索与传承。

作为本书的采访对象，我有幸与王景辰及众多优秀的医学同仁共同探讨中医的精髓。在本书中，我们不仅回顾了中医的历史与发展，更聚焦于中医在解决疑难杂症中的实际应用。我深信，传统中医的智慧与现代医学的结合，能够为患者带来更为有效的治疗方案。

在我的职业生涯中，我始终坚持辨证施治的原则，努力从整体上调理患者的身体。特别是在青少年脊柱侧弯的治疗中，我运用中医正骨手法，取得了显著的效果，使许多原本需要手术治疗的患者成功避免了手术，恢复了健康的脊柱。此外，我在糖尿病足的治疗上也形成了独特的技术，结合中药与针灸，快速治愈了这一困扰患者顽疾。

在高血压、冠心病、糖尿病、哮喘、慢性心力衰竭等慢性病的治疗中，我也取得了显著的成效。通过多年临床实践，我逐渐形成了自己的治疗理念，尤其是在中医快速根治甲亢的技术上。这些成功案例不仅让我感受到中医的博大精深，也坚定了我在这一领域继续探索与实践的决心。

我特别重视盆底肌松弛引起的漏尿症状的研究，认为中医治疗可以有效改善这一问题。在通许第一医院成立国际盆底治疗中心的过程中，我致力于将中西医结合的理念应用于临床，帮助更多患者走出疾病的阴霾。

《大医足迹（第一辑）》不仅是一部医学著作，更是一部关于人性关怀与生命价值的探索之书。它将引导我们重新审视中医的独特魅力，激励更多的中医人投身于这一伟大的事业中。希望本书能够成为读者了解中医、探索健康的重要指南，帮助更多的人走向健康与幸福的未来。

最后，我要感谢王景辰及所有参与本书创作的同仁，是你们的努力与坚持，让这一作品得以问世。愿《大医足迹（第一辑）》能够在传承与创新中，为中医的复兴与发展贡献一份力量。

湛江中心人民医院副教授余武强

2024年7月31日

序 言 4

2024 年 8 月 7 日，我完成为期半个月的英国中医药资源现状考察后回到祖国。飞机刚落地，就接到王景辰的邀请，为《大医足迹（第一辑）》作序。

首先，我谈谈中医药的国际、国内发展态势。国际方面，中医药已经传播至 196 个国家和地区，我国与多个外国政府、地区主管机构和国际组织签订了专门的中医药合作协议，推动了中医药的国际化。以英国为例，英国的中医药现状是一个多元化且不断发展的领域。近年来，中医药在英国逐渐流行，并且受到了一定程度的认可和推广。中医药在英国的传播可以追溯到350年前，但直到20世纪70年代，随着中国与西方交流的增加，针灸开始在英国流行。目前，全英有3 000多家中医诊所和中药店，中医药业已成为当地华人经济的一个重要行业。另外，英国有多个中医药专业协会，如中医注册协会（RCHM）、英国中医药学会（ATCM）等，这些协会、学会共有会员2 400多人、非会员1 200多人，中医从业人员大多数经过一定的中医培训，以华人为主。英国的中医教育发展迅速，包括私人针灸中医学院、大学内的中医针灸专业，以及中医专业研究院。此外，英国已成为欧洲中医业发展和交流的中心，举办了许多论坛和学术会议。尽管中医药在英国取得了一定的发展，但面临一些挑战：缺乏管制导致庸医假药出现，损害中医声誉；西医出于利益需要贬低中医药；中西医文化缺乏沟通交流；等等。

我国中医药行业在近年来稳步发展，传统医学与现代科技紧密结合，取得了显著成就。党的十八大以来，中医药事业得到国家的高度重视，传统医学与现代科技的结合为中医药的传承、发扬和创新带来了新的机遇。近年来，我国深入开展古典医籍精华的梳理和挖掘，同时加快推进中医学术活态传承，对名老中医的经验进行系统整理和研究。中医药创新方面，国家中医药管理局与科技部、卫健委等部委合作，建设了多个国家重点实验室和工程技术研究中心，推动了中医药科技创新。中医药的发展离不开人才，我国中医药人才队伍建设不断加强，包括中国工程院院士的评选、国家中医药多学科交叉创新团队的建设等。

综上所述，中国中医药行业正处于快速发展时期，不仅在国内获得了政策支持和科技创新，而且在国际上取得了显著的影响力和传播效果。

当然，中医药传承创新发展中也存在亟待解决的问题。中医药作为中华民族的瑰宝，在传承创新发展中也面临着一些挑战：

一是服务体系需完善。虽然中医药服务能力和可及性有了显著提升，但需进一步健全服务体系，包括加强中医药服务机构建设，筑牢基层中医药服务阵地，以及利用信息化支撑服务体系建设。

二是中医药人才建设薄弱。中医药人才是发展的关键，但目前中医药人才队伍建设存在不足，需要加强院校教育与师承教育的结合，改革完善人才评价机制，以及实施中医药特色人才培养工程。

三是中医药质量与创新问题。中医药的传承不足、创新不够，需要加强中医药质量安全监管，改革完善中医药注册管理，建立健全符合中医药特点的安全、疗效评价方法和技术标准。

四是传承与创新的平衡。中医药的传承与创新需要找到平衡点，既要保护好中医药的传统知识，又要推动中医药与现代科技的结合，实现创新发展。

五是中医药文化的传播。中医药文化的传播与普及仍需加强，需要通过教育、媒体等途径提升公众对中医药的认识和理解，让中医药成为群众促进健康的文化自觉。

六是中医药国际合作与交流。虽然中医药"走出去"取得了一定成效，但中医药在国际舞台上的影响力还需进一步提升，需要加强中医药的国际合作与交流，扩大中医药的全球认可度。

七是政策与法规支持。中医药的发展需要政策与法规的支持，需要进一步落实中西医并重方针，健全遵循中医药规律的治理体系。

面对这些挑战，国家已经出台了一系列政策和措施，如《中医药振兴发展重大工程实施方案》等，旨在解决上述挑战，推动中医药事业的高质量发展。面对中医药国内国际发展的良好态势及直面其问题与不足，《大医足迹（第一辑）》应运而生，带您走进健康中国。

《大医足迹（第一辑）》"疑难杂症篇"中详尽介绍了肿瘤、心血管病等疑难杂症专家宋兆普，中风偏瘫针灸专家谢辉，妇科疾病专家蔡瑞满，疑难杂症传承国医大师余武强，糖尿病专家程井军，疑难杂症专家张定元，内科疑难杂症诊疗专家张祥云。"国粹传播篇"详尽介绍了不孕不育专家符中建；腰椎间盘突出、骨质增生专家，退休军医刘大雪；把精准的国粹医学传播给世界的中医专家袁斌华；百年基业"江南药王"胡庆余堂；"康养"美容美发机器设备制造行业的隐形冠军台风集团。

名医重要，传承亦然，只有传承才能让名医名方、馨香医德绵延不绝。《大医足迹（第一辑）》"古法传承篇"记载了人民的好医生、皮肤病专家赵凤林，致力于口腔疾病预防与"口腔非诊疗"健康人才培养的张国珍，中医调肤"无后遗症"皮肤康复古法调理人李新，中医急救传承人钟继辉，颈肩腰腿疼痛针灸专家李俊威。"特色诊疗篇"记载了精准配制智慧煎药领域探索者、开创者宋进兵，"未来医学"的领航者通许第一医院，日本滨松初生针灸骨科创始人中村达生，擅治萎缩性胃炎的肠胃病专家刘凤斌，中西医探索治疗白血病"破解之道"的血液病专家刘军平。"非遗传承篇"重点介绍了非物质文化遗产的传承。例如，书中介绍了开心正骨传承人王月会，顾氏截根疗法传承人李保平，中医古法非遗传承者、聋哑康复调理传承人赵英，千年蜂疗"腰肩关节疼痛、内风湿病"专家薛国圈，郑州楚氏骨科医院院长、楚氏正骨传承人楚天元等。"中医传承篇"重点介绍了顾氏截根疗法传承人、"慢病快调"护师、赵凤林非遗古法美学调肤第六代传承人何文娟，顾氏截根疗法传承人、针灸专家罗婷，赵凤林竹罐呼吸疗法"中医调肤"第六代传承人巫兰芳、刘婷、唐金园，"中药汉方祛斑家族"传承人黄琳杰。

医药不分家。《大医足迹（第一辑）》"药食同源篇"记载了花山"小黄姜冰淇淋"创始人郑国明；中医药应用价值的探索者、开拓者，资深药师，美业专家张秋林；大豆植物蛋白的守护者、推动者汉菽品牌创始人团队；"五运六气"上医治未病传承导师吴鲍葛；茶文化输出者、传播者，茶道研究者陈玉莲。

《大医足迹（第一辑）》让我们认识了大医之名，了解了大医之实，告诉了你我如何追随大师之迹。路曼曼其修远兮，让我们一起捧读《大医足迹（第一辑）》，一起探索中医药的精华真谛，服务人类健康。

医学博士、留日访美学者程井军

2024年8月9日

为什么要编写这部书？

2023年12月，笔者受聘任职中国网健康中国频道战略研究室副主任一职，在广州设立中国网健康中国频道广州会客厅。2024年3月12日，笔者跟随中国网健康中国频道总监王了枫、副总监许晴晴一行来到广州市花都区花山镇进行大健康产业考察。花都区花山镇党委书记吴勐、二级调研员包月林对花都区花山镇进行了介绍。双方围绕着企业高质量发展及大健康产业链、医疗人才、医药产业、医疗器械等产业引进与招商进行深入沟通，医疗器械设备企业高质量发展中有关医疗资质、信息服务等进行了详细沟通会谈，就推动"中医药产业人才高质量发展、医疗企业审批直通车及中医产业布局"等达成战略合作意向框架协议。随后，笔者在中国网健康中国频道发表了《寻找中医人足迹（一）记中风偏瘫针灸专家谢辉医师》《寻找中医人的足迹（二）记腰肩关节疼痛、内风湿病专家薛国圈医师》等人物事迹。

什么是名医？这是一个存在争议的话题，政府相关部门评定或表彰的可以作为名医，还有一种就是笔者认为的具有过精湛医术、对患者有责任心、对生命有敬畏心、受到患者尊敬爱戴的医者即为名医。

什么是大医？唐代著名医学家孙思邈在《大医精诚》一书中强调了医者应有的高尚品德和精湛医术。孙思邈强调："医术是'至精至微之事''大慈恻隐之心'，要求医者必须'博极医源，精勤不倦'，对病人的痛苦要有深切的同情和理解，愿意为解除病人的痛苦而努力。医者不应因病人的身份、地位、贫富等外在条件而有所偏颇，应平等对待每一位病人，全心全意地救治他们。"中国民间有谚语："古之医者，上医医未病，中医医欲病，下医医已病。"

就如春秋战国时期，魏文王问扁鹊："你们家兄弟三人，都精于医术，到底哪一位最好呢？"扁鹊答："长兄最好，中兄次之，我最差。"魏文王又问："为什么你最出名呢？"扁鹊答："大哥治病，是治未发之病，一般人不知道他事先能铲除病因，所以他的名气无法传出去；二哥治病，是治于病情初起时，一般人以为他只能治轻微的小病，所以他的名气只及本乡里；而我是治病于病情严

重之时，一般人看到我在经脉上穿针管放血、在皮肤上敷药等大手术，所以以为我的医术高明，名气因此而响遍全国。"

因此，《大医足迹》编委会选入的人物以品德高尚、精湛医术、贵在预防为标准。关于什么是名医、什么是大医，笔者不去争论，回到中医药的原点，中医到底是什么？笔者认为"中医是预防医学，也是中华民族乃至全世界、全人类的预防医学"。

因此，《大医足迹》编委会将专访人群分为三类：一是专业医师类；二是非物质文化遗产传承类；三是中医师承传承类。

笔者少年时期因为生病发烧而引起全身发黄，被诊治为黄疸型肝炎。在医院多方医治几个月，效果不太理想。那个时候有一亲戚介绍淮阳县新站镇有一中医世家专治黄疸。于是抱着试一试的心态找到这位老中医，老中医让他的孙女给了我几包颗粒状草药丸，一包里面有几粒，吃了一星期后，身上的黄痕退了，"小黄人"症状就消失了。这是笔者第一次感受到中医的神奇，也或许是笔者与中医的缘。

当今人们"怕去医院、怕被过度医疗、怕求号不到名医"，这些痛点都是医者的共同愿力、发力点。"愿力是结果的起点"。如果一个人没有利他心、为社会贡献心、为世人服务心，心中没有人民、没有使命，那么他就偏航了。

《大医足迹》编委会采用对话与走访患者的方式，对话了解中医人过去的足迹、关注中医人现在的着力点、畅谈中医人的中医梦。同时在"视频时代"频道用镜头记录中医人的足迹，展现医者的风采，传递中医应用的价值。《大医足迹》编委会走访了很多位民间中医人，主要有民间中医古法传承人、非遗代表性传承人、疑难杂症医师等不同人群。走访中深度挖掘中医人在当代发展的现状及科创成果。

在后疫情时代，人们越来越重视健康，特别是中医理论在健康预防、治疗疑难杂症等的独特价值。未来中医发展在哪里、出路在哪里？在访谈中，不同医者有不同的见解。讲述中医人的故事，传递中医人的心声，关注中医人的发展现状，挖掘中医人的故事，推动中医药产业发展，助力中华民族伟大复兴，相信中医人的情怀使命、奋斗精神，让中医药这一中华民族伟大的瑰宝价值传递、影响更多的人。

王景辰

2024年9月6日

目　录

CONTENTS

I

II

中医传承篇

结　语

疑难杂症篇

宋兆普：肿瘤、心血管病等疑难杂症专家

宋兆普，中共党员，国家级非物质文化遗产"宋氏中医外科"代表性传承人，河南省第十二届、第十三届、第十四届人大代表，第十四届全国人大代表，主任医师，国务院政府特殊津贴获得者。

宋兆普出身中医世家，河南中医学院毕业，并师传祖学，不但涉猎外科，还认真钻研内科、妇科、儿科，尤其善于发挥中医药的独特作用，治疗肿瘤、心血管、股骨头坏死等疑难病症，从医45年来，诊治患者达120万余人次。近年来，他带领团队加大中医科研力度，借鉴古人的治病思路，密切与当代人的特点相结合，以中医为主、中西医相结合的治疗方法在治疗疑难病症上取得了明显的突破。

🌀 仁心救民励后贤

宋兆普的父亲宋金庚，是当地的名医。宋兆普深受父亲乐善好施、仁心救民精神的影响，坚定走父亲的仁医路。"只能救人，不许谋利！""诓病人的钱是会断子绝孙的！""咱们的医疗技术经验都是患者信任才有的，他们不是病人，而是恩人，你要做一名受百姓爱戴的好医生。"父亲的教导和临终嘱托，宋兆普时刻牢记，不仅当成医德医术教诲来实践，更是当成家风家教来传承，成为他所在的医院发展壮大的重要法宝。

🌀 让中医名扬世界

祖传家学的基础，加上大学期间系统的理论学习和长期的临床实践，使得宋兆普的医术更加精湛。1999年11月，他带着研制发明的保元复春磁药贴，远赴比利时，参加第48届尤里卡世界发明博览会，一举获得四大金奖，让中

医名扬世界。他把治好患者的病作为人生中最大的追求，采取中医为主、中西医结合的方法，让渐冻症、小脑萎缩、各种肿瘤、冠心病等疑难杂症患者明显好转和康复。

宋兆普作为一名中医，敢于担当，公益先行，先后救治因没钱而被首诊医院推出门的车祸重度脑外伤病人唐瑞敏，濮阳市双胞胎脑瘫患者张天雨、张天奇，汝州市米庙镇陷入绝境的96岁好婆婆郭姣一家。2015年实施的"民族团结一家亲，援疆救治少数民族脑瘫患儿"活动，持续九年，绵绵不断、生生不息。疫情防控中，积极参与病人救治，为社会捐赠大量中药。他的事迹，中央电视台新闻联播先后两次进行播出，新华社、《人民日报》、《光明日报》等多次报道。宋兆普先后获"全国优秀共产党员""全国劳动模范"等28项省、部级以上荣誉。

🌸 开创独特中诊疗流派

汝州市金庚和中逐瘀外科学术流派（以下简称宋氏中医外科）在和中这个核心理论的影响下，在180多年传承发展的基础上，形成了独特的治疗观，以中为目标、和为法则。和是和谐，人类必须遵从的原则；中是不偏不倚，人性的根本。和中就是通过调节，保持一种适可而止、恰到好处的处世态度，无论是在自然环境中，还是人类社会中，只有在和谐的环境里，万事万物才能平等共存。第六代传承人宋兆普经过系统总结，应用于临床，将其发扬光大。在药剂的配伍上，宋兆普通过寒湿、润燥、升降、刚柔、开阖等方面纠偏，实现人体阴阳平衡状态。

汝州市地处河洛文化核心地域，人文厚重，历代名医辈出。黄帝汝州崆峒问道广成子而有黄帝三经（《道戒经》《自然立经》《阴阳经》）；商朝宰相伊尹，以食疗疾，《汤液经法》问世；唐代医药学家孟诜辞官归隐，著《食疗本草》；金代道士马丹阳寓居汝州，创十二神针；金代汝州僧医释继洪济世救人；清朝道光年间宋氏中医外科应运而生，并世代传承。

在宋氏中医外科传承展示厅，宋兆普拿出一部清代文经堂印刷的《宋氏家谱》，里面记录着宋氏中医外科传承人悬壶济世、为民服务的发展历史。

宋氏中医外科第一代至第四代为族内传承，第五代传承人宋金庚，幼入塾学，总结前几代传承人的临证实践和经验，集其大成倡导和中理念，初创金庚

3

和中逐瘀外科流派。宋金庚在多年的临床实践中，逐渐认识到气血是维持生命有机体的基本物质，"气行则血行，气滞则血止，气温则血滑，气寒则血凝"，诸多疾患皆由气血不畅而发，临症以和中为根本，遵循水流缝隙原理，注重整体辨证、外病内治、内外同治。

在骨髓炎的治疗中，宋金庚外治采用手术的方法破症痕、化瘀血、逐邪气，内服中药和阴阳、中脾胃、调气血，以调肝理气、和中益气之法，达至通脉活络、破血逐瘀、行滞升新，而收破瘀阻消症效。小小的农村诊所，每天都有患者成群结队找他看病。宋金庚行医58载，诊治患者200余万人次，并通过办诊所、带徒弟等形式，实现社会传承，授徒近100人。

橘井飘香聚圣贤

宋氏中医外科第六代传承人有宋兆榜、宋兆保、宋兆普、李素莲、宋聪慧，均师承宋金庚，深得家传和中逐瘀思想的精髓，创办医院，将其术业发扬光大。许四书、张忠宝、许西洋等师承宋金庚，谨遵师教，是传承群体的中坚力量。第七代传承人宋毅峰、王晶、宋佳峰、宋毅豪、张颖、宋毅鹏、张盈颖、杜颂歌等，在家学熏陶下接受中医药高等教育，其中5人获硕士学位，有助于宋氏中医外科的保护性传承和创新性发展。

宋氏中医外科最有代表性的是第六代传承人宋兆普。他小时候熟背《药性赋》《汤头歌诀》《医宗金鉴》《辨证录》等医书，15岁就成为父亲宋金庚的好帮手，深得家学真传，又有河南中医学院（现为河南中医药大学）深造的诊治理念，守正创新，集宋氏中医外科之大成。

在家学的基础上，宋兆普在和中逐瘀理念下，强化人体整体观，把人的五脏六腑视为一个整体，与自然环境相互呼应，通过调整人体内部的稳态平衡来解决局部乃至全身的问题，同时提出"以中为主，中西医结合"的指导思想，充分结合现代医学研究成果，将中医与西医、宏观与微观进行有机结合，将不断传承创新中的和中逐瘀疗法

应用在肿瘤、心血管堵塞、小儿脑瘫等疾病的治疗中。在肿瘤的治疗中，他从正气不足、湿毒内生、外受湿热邪毒、内里蓄毒、内外合邪结于脏腑经络等病因入手，通过综合疗法，力争达到人体的最佳平衡，取得了明显的疗效。许多被其他医疗卫生机构诊断生命不超过6个月的胰腺癌、肝癌、肺癌、直肠癌等患者，经过宋兆普的治疗，取得预期治疗效果。

宋氏中医外科疗法，国家级非物质文化遗产

在心血管疾病的治疗上，宋兆普采用益气通脉、温补肾阳、通利心阳、活血化瘀等中药方剂。有的患者血管堵塞 90% 以上，宋兆普结合患者的体质特

点，经过3—6个月的中医药治疗，堵塞的血管恢复正常。宋兆普带领团队将和中逐瘀理念应用到小儿脑瘫的治疗中，使一大批患儿家庭重获新生。汝州市金康康复医院是国家级非物质文化遗产——宋氏中医外科疗法的保护单位。该院肿瘤科、心血管科、儿童脑瘫康复科是河南省知名专科。

5

宋兆普带领团队应用和中逐瘀法治疗新疆脑瘫患儿，并采取一对一带徒的方式，让这一疗法在新疆生根发芽，为促进民族团结作出了贡献。

2023年，宋兆普以中医关怀团专家的身份，到比利时、卢森堡、荷兰义诊，让广大华侨华人和国际友人感受到中医药文化的博大精深，进一步促进了中医药文化在海外的推广和传播。

宋兆普先后获得河南省中医药杰出贡献奖、平顶山市首届名中医，特聘为河南中医药大学"中医药特殊技能专家"。患者送来的一面面锦旗，是发自内心对宋兆普医德和医术的最高褒奖。

主编心语

宋兆普是一位伟大的医师，多次参加援疆巡诊工作，足迹踏遍伊犁、喀什、和田等地，为当地老百姓解决疑难杂症。作为全国人大代表，他积极议案建议改善乡村医生基本保障及用中药预防儿童残疾的发生。作为全国劳动模范，他受到党和国家领导人接见。这一切都源于宋兆普仁心救民赤诚之心。平日里，宋兆普积极将老百姓很容易掌握的民间单方、验方进行讲解分享，让老

百姓少花钱、少过度医疗，积极讲解传授中医健康知识与技巧，推动人人学中医、人人用中医，人人把健康掌握在自己手里。

赞汝州名医、宋氏中医外科第六代传承人宋兆普

汝州名医宋兆普，六代传承技艺殊。

非遗国粹扬天下，大医仁心济世途。

大医献方

方解：该方为国家非物质文化遗产宋氏中医外科的验方，原出自清代名医傅青主的《青囊秘诀》，经过宋兆普多年在临证运用中加减化裁、不断改进而成的黄芩清肺饮，治疗慢性阻塞性肺疾病、间质性肺炎、肺纤维化等肺系病效果明显。

中医认为，寒邪束肺导致肺气不宣，加上痰湿壅肺，患者就会出现咳喘、胸闷、乏力。方中黄芩、金银花燥湿解毒，生地、天冬、麦冬、百部、百合滋阴润肺止咳，川贝母、紫菀、桔梗、甘草、蜜款冬花、桑白皮化痰止咳，麻黄、防风、荆芥穗宣肺解表，生姜、大枣调和脾胃。此方清中有补，补中有泻，宣肺化痰止咳，可以有效治疗肺炎引起的咳喘、胸闷、白肺、肺结节、肺纤维化等。

加减应用：胸闷加全瓜蒌15g、薤白6g；痰多加苏子10g、白芥子6g、莱菔子10g；肺气虚加太子参30g；恶心呕吐加砂仁6g、木香6g；发热加石膏30g、知母10g、粳米30g。

用法：水煎服，每日1剂，早晚温服。

功效：养阴宣肺，润燥败毒，化痰止咳。

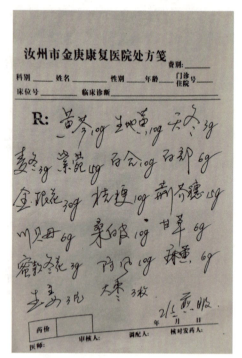

汝州市金庚康复医院处方笺

谢辉：中风偏瘫针灸专家

谢辉，毕业于北京中医药大学，2013年至2015年在北京大学第三人民医院康复科实习，2015年随北京大学医疗分队援疆，用其精湛的医术与维吾尔族、哈萨克族人民结下了深厚的情谊，2018年随乌鲁木齐市"一带一路"医疗分队出访吉尔吉斯共和国、哈萨克斯坦

共和国，与同事为中医及传统文化在国外的发展尽了一份力量。擅长治疗诸多痛症，如肠胃病，妇科，男科阳痿、早泄，尤其是失眠、抑郁症等，常常是针下痛止，令人叹为观止，特别是把针灸用于美容、减肥，开辟了针灸治疗的新思路。

信奉：没有错的患者，只有庸医，庸医害人实为缺德。

●"医者可自医"，谢辉医师的"中医缘"

谢辉从小立志从医。他的父亲是西医师，哥哥是西医师，舅舅也是西医师，但他们多少都懂一些中医。在医生世家环境的熏陶，谢辉相比同龄人对医学医理较早有较多的认知。16岁还在上中学的时候，他出现头晕、精神状态不好等症状，后来一测量原来是低血压，于是找了一些医生看诊，但一直没有很好的效果。最后，谢辉决定自己想办法，依照中学课本中的方法给自己测量血压，那个时候高压不到九十，低压才五十几。这段经历给谢辉的印象很深。后来自己通过看赤脚医生手册，用学习与领悟到的补中益气剂汤治好了自己的低血压，于是下定决心学中医，先考了乡医师资格证，后被保送到北京中医药大学深造。

7

助外援疆感人多

谢辉从北京中医药大学毕业后，被分配到北京市第三人民医院康复理疗科实习。当时国家要派遣援疆医疗队，选拔业务技术过硬的医学人才去援疆。谢辉是入选优秀医学人才之一。谢辉掌握的是针灸与推拿按摩，治疗病人见效快，自己也觉得能用掌握的医学技术去帮助更多人是一件很有意义的事。第一

站先到乌鲁木齐，帮助医治好了上千位西医无法救治的疑难杂症病人，也与少数民族兄弟结下友谊。其中有一位手脚局部瘫痪、行动不便少年的家人找到谢辉请求救治。经了解，其因出生时头大及接生不顺等而导致头部氧气受阻，实则是头部动脉卡住导致局部瘫痪。后来通过谢辉"经脉气血"中医针灸调理，得到了很好的康复。就这样，谢辉在乌鲁木齐援疆工作一干就是5年。

2018年先后被国家派遣到哈萨克斯坦共和国、吉尔吉斯共和国驻外医疗援助工作。在哈萨克斯坦共和国援外医疗时遇到"治面瘫"的一位案例。有一个叫阿迪拉的中学教师的父亲，多年前因过度劳累而导致面部瘫痪，经过多方求医诊治一直都未得到治愈。当阿迪拉听到谢辉的名字后就抱着试一试的心态，带着父亲找到谢辉。谢辉通过把脉"望闻问切"后，发现患者气血特别弱、正气不足，于是开了一个"补中气汤"的方子加配制的姜茶。阿迪拉的父亲喝完后，感觉

比较有精神，这个时候就开始用针灸，当时谢辉记得"风就在右侧"，于是就从右侧对中风面瘫部位开始针灸，第二天面瘫就有了效果，后来经过几次调理直到彻底康复。阿迪拉及家人非常感动。

谢辉针对疑难杂症的中医针灸方法，一些是自己从古籍经典中得到启发领悟出来的。阿迪拉父亲的案例就是从《四圣心源》一书气血原本、经脉起止研读中悟出来的中医治疗方法。又由农民"打农药"气压原理悟出了"补肾气"的方法，即调肾气要先调肝气。通过"打药"按压原理悟出了调节血压的原理。

学习中医要有灵感力

谢辉认为，要传承中医文化，就要努力学中医。中医要传承，就要带徒弟，带出新人不容易，要求新人有很高的悟性。学习中医的人要修好人格、人品、医德，做到先立人，心地善良之人才能学好中医。例如，学习中医的人也要多读读唐诗宋词、《红楼梦》等经典著作，体悟生命真谛。"德不近佛者不足为医"，《黄帝内经》讲"德全不危、德危不全"等。学习中医贵在静心，不仅要有扎实的理论功底，还要有文科底子，更要有灵感力。

缓解压力健康小技巧

原地站立自然放松，然后缓慢抬头，用鼻子吸气，用想象力想象阳光从头顶百会穴照下来，然后缓慢低头，让阳光从脚下出去，就这样前俯后仰、左右摇摆，反复练习3—5次，可以让身体很放松、很舒适。这个原理来自人的意识、意念可以产生能量，用这种简单的方式可以调整人的能量。

主编心语

笔者听到谢辉说"学习中医也要多读唐诗宋词"时，一时不能理解。后来笔者读到《诗对》一书时发现，诗对包含万物相生相克的中医五行原理与哲理，如"阴伏"对"阳升"、"阴谢"对"阳归"、"莼菜"对"鲈鱼"、"桑洗眼"对"酒暖身"、"松花酒"对"糯糍糕"等。其中，莼菜具有清热解毒、保护肝脏的作用。此时，才完全理解了谢辉所说的话语。

赞百草堂中医名家谢辉

杏林逐梦未蹉跎，助外援疆故事多。

宝药香心通脉络，神针愈病退阎罗。

望闻问切精研判，理疗推揉细按摩。

君有良方扬善举，宛如扁鹊世人歌。

大医献方

蔡瑞满：妇科疾病专家

蔡瑞满，广东省佛山市南海区罗村上柏蔡边村人。中医世家第七代传人，从医40多年。秉承父辈教导，孝德善行，以诚待人，提倡起居饮食养生、行为养生、调理养生，强调中医理论的重要性、天地人和的整体性，自身坚持养生之道，言传身教，热衷分享探讨，利民惠民，流传下来不少医德高尚的故事为世人品评。

蔡瑞满深信，不忘初心，孝德前行。牢记使命，方得始终。如今，每年蔡瑞满还会在各社区、单位的诚意邀请下免费为市民义讲健康养生知识，传承中医药文化。每年坚持组织企业探访敬老院、流浪者收容中心、环卫工人、孤寡老人等需要关心的人群，坚持取之于民，用之于民。以慈心弘扬美德，以善心传递爱心。蔡瑞满辛勤的汗水换来累累硕果，先后获得"中华名医协会理事""佛山抗衰老协会教授""香港中医院顾问医师""中华妇幼健康促进行动联盟理事""中国特色医疗医药学会永久性专家委员""中国国际医学科学院特色医师研究院教授""中华名医先锋""广东省先进医生""广东改革开放三十年突出贡献人物""广东省优生优育学科带头人"等荣誉称号，还获得"2002年孝德模范家庭""2002年感动罗村十大孝爱人物""2016年佛山市十大孝爱人物""2017年南海好人""2018年最美佛山人"等孝爱典范的称号。其荣誉证书和奖章等被佛山名人档案局收藏。佛山名人档案局为蔡瑞满设立一个专门展览室，让蔡瑞满的贡献得以永久留存。

11

仁心仁德，妙手回春

蔡瑞满发表的论文《防治妇科病首选清宫》在世界中医药学术论坛上宣讲，受到专家的认可与赞赏。现第七代产品已申请为国家专利产品，受到广东省人民政府及广东省卫生健康委员会的大力推荐及支持，为无数因子宫瘀塞而患妇科疾病的女性带来了福音，帮助上千例女性成功自然受孕。因在治疗不孕不育等女性疾病有突出贡献而被誉为"佛山送子观音"。

1975年，上柏村同乡冼明菊女士因患脑血栓中风而导致半身不遂，在香港治疗两年未有好转，四肢不能活动，生活不能自理。后来，蔡瑞满将其治愈，受到南海区卫生局的嘉奖。

谦诚学习，立志打造百年品牌

蔡瑞满作为医院里的"镇院之宝"，退休后在罗村医院返聘担任全科医生，连聘7年。在返聘看诊期间，只要是蔡瑞满坐诊，每天都有上百名患者排长龙，无论工作多么繁忙，蔡瑞满始终保持谦和，对每一名患者都像对自己亲人一样用心，为他们解除疾病之苦，深受患者和患者家人的敬爱。

蔡瑞满现虽已正式退休，但依然在为患者诊治的同时不断钻研。即使自己在医学领域已经取得了相当好的成果，但是蔡瑞满仍然谦虚，保持空杯心态学习，甚至远道四川、贵州、湖南等地拜师学艺，力求研发出更多可传承的中医药方，在有生之年，为社会和人类作出更大的贡献。数十年来，蔡瑞满秉承着对健康的追求，在医学研究上贡献了一生的热情，并用生命打造了一个以孝爱为本的品牌——蔡瑞满创春园。

助力中华民族伟大复兴，深耕中医价值

中医药学是中华民族的伟大创造，是中国古代科学的瑰宝，也是打开中华文明宝库的钥匙，为中华民族繁衍生息作出了巨大贡献，对世界文明进步产生了积极影响。党和政府高度重视中医药工作，特别是党的十八大以来，以习近平同志为核心的党中央把中医药工作摆在更加突出的位置，中医药改革发展取得显著成绩。根据国家对中医药发展的战略意见，蔡瑞满深切感受和认识到中西医并重方针仍需全面落实，遵循中医药规律的治理体系亟待健全，中医药发展基础和人才建设还比较

薄弱，中药材质量良莠不齐，中医药传承不足、创新不够、作用发挥不充分。

　　蔡瑞满热爱中医药学，期望中医药学得以优良传承，用毕生心血致力于中医药传承和中医药研发创新。为了让中医技术得以更好地传承和服务社会，他开设"师承班"，现累计收有将近200位优秀弟子，在他的严格要求下把中医中药知识和自身总结的独特中医调养秘技毫不保留地系统式传授，把弟子当自己的孩子一样。蔡瑞满凝聚几十年行之有效的秘方通过自有药厂研制生产的"清""调""补""养"四大药食同源产品让弟子们的学习运用如虎添翼，弟子们把中医四诊八纲（望、闻、问、切、辨证、施治、理法、方药）的本领熟练掌握后方可灵活运用产品。蔡瑞满通过"传""帮""带"对弟子们悉心指导，十年如一日，直到弟子经验丰富后再经多重严格考核，方能在蔡瑞满创春园门店为有需要的人群独立服务。通过考核的弟子均得到蔡瑞满亲笔签名盖章的师徒证和凝聚行医几十年总结出来的"创春园中医秘传"。"一日为师，终身为父"是弟子们发自内心的感恩和尊敬。其中，有两位出色的弟子（李国华、林本生），通过努力成为蔡瑞满创春园高层骨干精英后，更是对蔡瑞满和蔡瑞满创春园经营理念无上认可，两人共同恳请蔡瑞满收为义子，并表示愿意贡献自己毕生心血，携手蔡津祥、蔡锡祥，四兄弟同心同德、齐心协力，把蔡瑞满创春园经营好、发展好、传承好，期望培养出一批中医理论功底扎实、临床能力强的中医专才，让家族留下的医术、医方和蔡瑞满多年来钻研的中医学成果得到广泛的应用和传承。

　　传承创新发展中医药是新时代中国特色社会主义事业的重要内容，是中华民族伟大复兴的大事，对坚持中西医并重、打造中医药和西医药相互补充协调发展的中国特色卫生健康发展模式，发挥中医药原创优势、推动我国生命科学实现创新突破，弘扬中华优秀传统文化、增强民族自信和文化自信，促进文明互鉴和民心相通、推动构建人类命运共同体具有重要意义。

13

孝德传承，爱满佛山

　　孝是中华民族传统美德，是一种行动和善德。传承孝德文化，大孝为先。《孝经》第一章开宗明义："夫孝，德之本也，教之所由生也。"孝是道德的根本和教育的源头。《孝经》把孝分为三个层次："小孝"，能孝敬自己的父母；"大孝"，能孝敬天下人的父母；"至孝"，能成为天下圣贤，普利天下众生。

作为行医世家当家人，蔡瑞满的父母早逝，年轻时就担当起家庭的责任，照顾中风岳父20余年，坚持为社区老人免费看病，用爱在行动，风雨不改。大力支持弘扬孝德文化，用传承和孝爱的观念教育后代。

为了实现传承，蔡瑞满用理念时刻教育引领着子孙后代，对儿子蔡津祥和蔡锡祥言传身教。他们对下一代亦是言传身教，孝敬爱重从娃娃抓起。

🌿 为传承使命，立志弘扬中医药文化

蔡瑞满的大儿子蔡津祥，跟随父亲蔡瑞满学习药理和养生。20年来，与父亲并肩作战，创立佛山市南海蔡瑞满食品有限公司，从一个26平方米的办公室开始经营发展，携手妻子，从渠道拓展到药食材采购把关，关关亲力亲为，呕心沥血地为公司经营拓展，终于让蔡瑞满创春园成为一个将研发、制造、销售、培训集于一体的自产自营自销的整体（2012年，创立佛山市南海蔡瑞满食品有限公司；2013年，开办第一家试营凉茶店；2014年，创立清远市蔡瑞满凉茶有限公司，随着首间罗村地面凉茶旗舰店的落成，广东省内加盟了20多家凉茶店；2015年，广东省内加盟了30多家凉茶店；2016年，广东省内加盟了8家凉茶店；2016年，创立佛山市蔡瑞满创春园医药有限公司。随着2016年药房线的开展和蔡锡祥的加入，至2018年年底，现有直营蔡瑞满创春园大药房6间）。

蔡津祥自小受父亲蔡瑞满的耳濡目染，一心立志弘扬中医中药文化。他承诺：父亲用他的生命和名声缔造了"蔡瑞满创春园"品牌，他也用生命去经营和传承它，以传承和呵护百姓健康为己任。蔡津祥深信，修合虽无人见，存心自有天知。只要坚持不懈，必能不辱使命。

🌿 传承中国医中药文化，精研药食同源

从人类男女寿命来看，女性一般要比男性长寿，因为女性多了月经排毒。女性在月经期间尽量不要吃寒冷性、寒冰性等食物，容易造成湿寒体质。为此，蔡瑞满研发了姨妈茶饮系列，可以调养脾、胃、肝等五脏功能。例如，茶饮中用的火麻仁具有降脂、抗炎、增强免疫力等作用。一女孩因经常熬夜、爱生气而导致月经不调，其他医生开的药苦，不肯吃。蔡瑞满就根据"药食同源"将药调理做成奶茶让她喝，给这位女孩的月经

及妇科病调理好了。女孩后来说："气色好到可以不用化妆了。"后来爱喝奶茶的女孩还给调制的奶茶起了一个好听的名字"橘井茶伺"草本奶茶。如今，蔡瑞满创春园"橘井茶伺"已在佛山、东莞、深圳及全国各地开有80多家门店了。

🌰 热心公益，敬老爱老

在经营企业的同时，蔡津祥携手弟弟蔡锡祥在父亲的引领下，以企业的名义，每年坚持探访流浪者收容中心、环卫工人、孤寡老人等需要关心的人群，积极受邀参加社区和企业关于养生健康和传播孝德的讲座，每月坚持探访敬老院长者，煲健脾汤、打扫卫生、测血压、闹元宵、庆中秋、贺重阳等，参与各社区老年人幸福院落成庆典与长者生日月度庆生会，每天坚持派发免费四时赠饮茶，鼓励员工参与社会机构认证的公益活动和募捐活动等，坚持取之于民，用之于民。各大药房更是针对55岁以上人群设立"孝德日"，免费办理"孝德敬老卡"，务求让长者得到更大的优惠与关怀。这些看似平凡的善举，他们坚持了整整10年，也因为此，蔡瑞满创春园收到了敬老院赠予的"热心公益 尊老敬老"锦旗，获得了"优秀志愿者""爱心慈善商家""积极义工""热心公益奖"等证书及称号。

🌰 兄弟齐心，发扬"蔡瑞满创春园"品牌

蔡津祥思维开阔、敏捷，擅长营销策划，蔡锡祥沉着稳健，制心医术，另有两位擅长运营管理的义兄弟的鼎力相助，兄弟四人均继承了父亲诚信、仁德、孝善的品德精神。蔡瑞满积累下的医术心得药方非常多，但很多都不能为人们所认知，因此，兄弟四人为了将"蔡瑞满创春园"品牌发扬光大，决定将"蔡瑞满创春园"品牌聚集到让天下女人远离痛楚的经营理念中，期望为人类高品质生命孕育作出贡献。

目前，蔡瑞满创春园开发出三大系列产品，其中防治妇科病首选产品"金香清淤饮"，是最受欢迎的女性经期和月子护理饮品，帮助很多女性解决了痛经炎症、不孕不育等妇科难题。

根据"西医治病、中医养护"的理念，蔡瑞满创春园开发了食疗养护产品，针对肝肾养护调理人群开发了食疗养护产品"松花粉酸枣仁"等固体饮品、压片，针对尿酸养护和调理人群开发了"沙棘桃仁"

等固体饮品、压片，药食同源，养护效果甚佳，深受广大消费者认可。

蔡瑞满创春园在蔡瑞满的理念带领下，将中医养护理念不断落地转化，服务大众人群，将膳食调理运用到百姓生活中。

蔡瑞满创春园在中医药领域的贡献和付出，繁衍出更多有强烈使命感的中医药专才精英，让中医药文化在爱孝中传承至企业团队的每一个成员，最终实现修己达人。

主编心语

在和蔡瑞满的交流中，笔者深深感受到蔡瑞满"让中医药文化在孝爱中传承和弘扬"的使命感，更能感受到他"让中医养护成为人类全生命周期的健康守护者"的美好愿景。为此，蔡瑞满已将这份使命和愿景注入创春园品牌的经营与发展的理念中。

赞佛山蔡瑞满创春园创始人蔡瑞满

七代仁医福禅城，惠民善举载满誉。

疑难杂症妙术除，送子观音治不孕。

妇科清官防妇疾，退休返聘系苍生。

创春园内珍品研，妙技良方弟子传。

大医献方

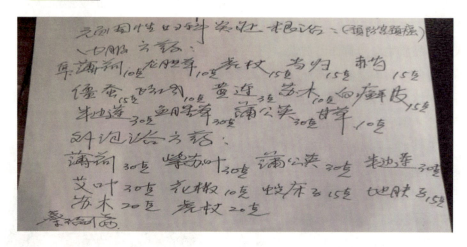

余武强：疑难杂症传承国医大师

余武强，中山医科大学毕业，湛江中心人民医院副教授、硕士生导师，有30多年临床经验，擅用经方治疗内科、外妇科、儿科、皮肤科各类疑难杂症。2009年跟倪海厦学习汉唐中医，2021年被宥材古医创始人刘杰大师收为入室弟子，提倡用简单方法学中医用中医，多年来为中医复兴事业默默努力着。余武强擅长治疗高血压、冠心病、血管堵塞

引起的心绞痛、慢性哮喘、中医外治膝关节病，正骨手法治疗青少年脊椎侧弯腰椎间盘突出及小儿慢性肺炎，气管炎、哮喘病、糖尿病、面瘫、荨麻疹及中药治疗外伤脑出血技术等，特别是中医快速根治甲亢技术。

从小立志当名医

余武强出生于广东省湛江市东海岛上一个靠海边的渔村，从小看到村里赤脚医生帮助别人解决困苦。一次因顽皮上树而不小心摔倒，脚崴了，当时非常疼痛，找寻村医一下就复位解决了。从小别的小朋友有志当解放军、警察，而余武强的梦想是长大后能当一位名医。

1982年考上中山医科大学，1988年毕业分配到湛江中心人民医院工作，从事内科康复科临床工作，2004年调往深圳市平湖人民医院工作，任急诊科主任，2009年参加深圳市西学中学习班，2013年取得全国中医执业医师资格证。2000年参与倪海厦大师的人纪班，学习汉唐中医。自跟随倪海厦学习后，用倪海厦医学理论治好了许多以往不可能治好的疑难杂症，如难治性甲亢，高血压，糖尿病及糖尿病足，哮喘，慢性阻塞性肺疾病，肺心病，冠心病，血管堵塞引起的心绞痛、心衰，急性白血病。深圳市卫生局特意下文件为余武强成立中西医结合专家门诊。

🌿 传承国医大师"疑难杂症"绝学

学习倪海厦医学理论以来，平湖人民医院成立了中西医结合专家门诊，8年来接诊大量来自全国各地的难治性甲亢等疑难杂症患者，取得比较好的效果，不仅能轻松治愈各种难治性甲亢，也能根治慢性阻塞性肺疾病、慢性哮喘，对慢性心衰、慢性呼衰、慢性荨麻疹、偏头痛、三叉神经痛、带状疱疹后遗痛、糖尿病足、中风后遗症等疑难杂症也取得显著疗效。

乃女士36岁，得甲亢5年，经过西药治疗，无效，做放射碘治疗，好转2年后复发，症状加重，心衰脚肿，突眼脖子大。经过余武强5个月治疗，痊愈至今。余武强的治疗理念就是把"去寒湿，调升降"作为基础方加辩证。

2010年余武强运用倪海厦医学理论，将小柴胡汤、当归四逆汤、桂枝甘草龙骨牡蛎汤加减用于临床治疗，效果显著。2015年，接受李可理论，运用彭子益古中医圆运动、气机升降理论，结合倪海厦医学理论，处理一些疑难性甲亢患者，取得了满意的效果。2021年，学习了刘杰师父的宥材古医理论，治疗疑难性甲状腺疾病更是得心应手。

带状疱疹后遗痛，被称为"不死的癌症"，有一姓陈的银行高管，患带状疱疹后遗症7年，看遍北京、上海、深圳，夜里二至三时疼痛不能入睡。找到余武强后用中药推拿治疗，针灸治疗7次，彻底治愈。

对于急性肝炎、慢性活动性肝炎等的治疗，西医治疗效果并不理想，干扰素、甘草酸、阿昔洛韦等药物对病毒几乎无效，尤其是慢性肝炎。肝炎的主要病因：左升不好、肝气下陷；湿热下注、右降不好；胆气上逆，胃气上逆；火在上面。病根是脾土湿、肾水寒等。余武强运用中医诊疗原理提出急性治其表，缓期治其本；祛寒湿，调升降。例如，李某患慢性活动性肝炎5年，加重伴神志不清10天，余武强诊疗辨证为阴黄，有茵附子理中汤为主方治疗3天显效，40天彻底治愈。又如，余某患急性肝炎、用小柴胡汤+茵陈+五草（金钱草、鱼腥草、败酱草、车前草

各30—50克，龙胆草10—15克）为基本方，湿和热两重，加茵陈蒿汤为他治疗，3剂内痊愈。

正骨推拿不用手术

一位16岁少年，3年前发现脊柱侧弯30度。余武强用正骨推拿手法第一次纠正后，好了30%，第二次治疗后好了50%，第三次治疗后好了60%。在余武强看来，青少年脊柱侧弯，50度都不用手术，可以用正骨推拿手法调整回来，如果这项技术得以推广，就可使患者免受手术之苦。

精研医术"疑难杂症"，传承国医大师绝学

你听说过一种怪病吗？有人称为"私密病"，患者备受折磨，目前又无药可治，患者无法参加社交活动，被称为"现代社交癌症"，这个病叫漏尿。2017年夏天，一位特殊患者朱女士找到余武强。这位女士看起来雍容华贵，美丽端庄，但走近她身边时总有一股浓浓的香水味，混有尿骚味。谁都想不到这位女士正受着漏尿这一怪病的折磨。朱女士的病史有10多年了，自从生下双胞胎儿子后就得了这个病，只要一大力咳嗽、笑、走路快一点、听到流水声，尿液就会流出来。近五年，病情日益严重，稍用力咳嗽或走路快点，也会漏尿，伴有头晕、眼花、腰痛膝冷、性生活冷淡。这几年，朱女士看了不少医生，3年前做了盆底肌修复术，结果情况没有好转，反而更糟。

西医专家说没有好的方法，要做会阴肌肉锻炼，朱女士按医生要求做了3个月，没一点效果。中医专家说是肾虚，气血差，经过2年中医调理，服中药200多贴，还扎针、做艾灸，效果也不明显。中西医都没得治，朱女士找到余武强的大学同学、一位妇科专家，她看过余武强中医根治漏尿的文章，就介绍来湛江找余武强。在余武强多年临床诊疗经验看来，漏尿是老年妇女常见的病症，大多数女士不好意思讲，更不知找哪个科治疗。漏尿有轻有重，轻者偶尔漏尿，严重者尿忍不止，时时有尿流出。

在余武强看来，"漏尿的发病机制主要是盆底肌松弛，包括膀胱括约肌无力，大多数是产后盆底肌损伤、骨盆扩张、耻骨分离，造成骨盆错位、阴道松弛、阴道膨出。朱女士属于典型的脾虚阳虚，加以健脾温肾方法，服中药加针灸，可以通过内治外调恢复扩张的骨盆，使耻骨分离、骶髂关节分离恢复。

余武强用中医正骨推拿方法治疗盆底肌松弛引起的漏尿、阴道松弛取得

较满意的效果。一次正骨推拿手法可以使扩大的缩小骨盆2—4厘米（髂前上棘间距），使耻骨分离，骶髂关节分离得以闭合，恢复盆腔的供血、供氧，盆底肌松弛得以恢复正常。轻度漏尿6次内治愈，中度漏尿10次内治愈。

主编心语

　　笔者在访谈余武强时，感受到他对待病人时刻怀有悲悯之心，对待工作非常细心。他用自己的医术践行了"让中医能治大病、重病、疑难杂症，让老百姓少花钱，让中医造福更多的人"的医者使命。

赞疑难杂症传承国医大师余武强

岐黄一脉补天功，祛湿调升降法宗。

燮理阴阳除痼疾，悬壶不取济耕农。

20

大医献方

治疗难治性甲亢、复发性甲亢的经验方

基本方：柴胡10 黄芩10 百部10 守宫粉12 蒲公英30 麦冬18 夏枯草20 茯苓30 苦参10 白芍10 细辛5 川木通5 龙骨20 牡蛎30 桂枝10 炙甘草10

加减：1. 失眠、烦躁、心悸脉数者加栀子 阿胶 或加黄连阿胶汤。
2. 阴虚时烦闷热者 加熟地黄、巴戟天 五味子 山萸肉 滋阴补肾。
3. 中虚虚寒、脾虚湿困、加干姜、白术 茯苓 利水。
4. 肝郁气滞、口涩气反酸、胃脘胀痛、加川楝子 木香 疏肝理气止痛。
5. 阳虚怕冷、腰膝酸软、肾阳虚者 加附桂 何首乌 菟丝子 补肾温阳补肾。
6. 甲亢心心衰者 加葶苈子 薏苡仁 附子 补肾 温阴强心 利水消肿。

笔者以上方加减治疗各种甲亢500余例，取得满意的疗效，有效率95%以上，治愈率在60%以上。

程井军：糖尿病专家

程井军，医学博士、留日访美学者，创面修复专业委员会委员，中外联合培养研究生导师，糖尿病足保肢治疗中心负责人，擅长治疗糖尿病（包括糖尿病足溃疡）、各种溃疡久不收口、湿疹皮炎、瘢痕修复等疑难杂症）。

🌼 幼时与中医药结下"不解之缘"

程井军出生于一个血吸虫病肆虐的乡村，当年毛主席的《送瘟神（其一）》中"千村薜荔人遗矢，万户萧疏鬼唱歌"讲的就是血吸虫病造成的危害。那时，医疗水平远没有现在这么高，程井军的父亲作为乡里为数不多的识字人，为了给乡邻们治疗危害生命的血吸虫病，自己钻研中医古籍，程

21

井军也和父亲一起到田间地头采集半边莲、金钱草等中草药。就这样，程井军自幼便与中医药结下了不解之缘，后来毅然选择攻读中医学，并获得了医学博士学位。获得博士学位后，程井军回到临床工作岗位，运用所学治病救人。

🌼 海外求学、精研医术

2008年，程井军获得了公派赴日本留学的机会，也正是因为这段经历让他有了对湿润疗法愈合创面的研究运用。

去日本之前，程井军到书店买了一套《标准日本语》教材，利用空闲时间自学了部分日常日语。当时程井军的老师井上教授寄来赴日邀请函的同时特意为他准备了到达大阪国际机场后即可使用的日本电话卡。"井上教授很受人

尊敬，在他的研究所里有来自不同国家的学生。井上教授接纳并理解各国的文化差异，兼容并包，为我们这些在异国他乡的游子提供了一个非常好的学习研

究环境。"程井军笑着回忆，"当时各国学子们不仅一起学习研究医术，而且私下常在一起分享生活点滴。"

程井军在日本留学的过程中也了解到，中成药在日本基本上被当成保健品，坐堂诊断的汉方医生很少。日本在中医药方面重药轻医，这是程井军去日本留学最直观的感受。中医在日本是没有所谓的行医执照的。日本的中医或汉方医分成了三个派系：尊崇张仲景医治疑难杂症的古方派，尊崇李东垣、朱丹溪的后世派和将两者折中的考证派。古方派和后世派争斗的影响，导致中医师无法被纳入日本的正规医疗体系。作为中国的邻邦，中医在1 000多年前就传到日本，在日本的发展侧面反映了中医在国际社会的影响力。

解决"糖尿病"世界医学难题的方案

程井军学成归国后致力于糖尿病（包括其并发症糖尿病足溃疡）、冠心病、皮肤湿疹、肿瘤等疾病临床研究，救治患者遍及海内外，不少外国友人也慕名前来就医。程井军因为高超的医术而被广大患者誉为"再世华佗、重生扁鹊"。程井军在听到这个说法的时候笑着说："这是中医自身的魅力，也是文化交流的结果，中医药的传承与发展还有很长的路要走，中医发展的前景必将是一片光明！"程井军还和我们谈到，之前有位美国教授Felix因为有糖尿病基础疾病登山不慎磕碰出现了足部溃疡的情况，在多次到大型西医医院治疗无效的情况下，找到了程井军。"那时Felix教授很悲观，创面越来越大，到我这里来的时候已经有6 cm×5 cm×2 cm大小的溃疡面了，我运用中药配合湿润疗法，45天后溃疡面无瘢痕愈合了。"湿润疗法始于英国，程井军在留学日本时接触到并进行了深入研究。回国后，程井军前后花费5年左右的时间进行相关研究，把西医的湿润疗法与中医药疗法相结合，致力于达到最佳的治疗效果。程井军这种中西医结合的治疗理念让一个又一个疑难杂症患者痊愈。

程井军告诉记者，中医药是一座伟大的宝库，作为中医的守望者，中医师需要不断提高自己的科研能力和临床水平，脚

踏实地，让更多的患者了解中医、认识中医、选择中医，实现真正意义上的中西医并重，让中医药享誉全世界。

● "用心行"为糖尿病患者解病痛之苦

患者王先生，47岁，在2020年年底确诊为2型糖尿病、糖尿病足，从此开始了从一家医院到另一家医院的噩梦般的经历。他被告知，他的双侧拇趾应立即手术切除，以避免可能会危及生命的败血症或脓毒血症。与此同时，他被告知，如果感染依然无法控制，双腿的其他部分就很可能会反复经历同样的切

除手术。他震惊了，陷入了无尽的焦虑中。"两个拇趾坏疽没要我的命！可有人曾经告诉我，我只能选择截肢。"这是王先生用颤抖的声音告诉程井军的话，显然是听到程井军说不必截肢而欣喜若狂。令他没想到的是，从2月3日至3月16日，程井军给他用中药煎汤足浴，外涂中药膏和中药散剂。他的坏疽完全脱落，部分溃疡面完全愈合了。

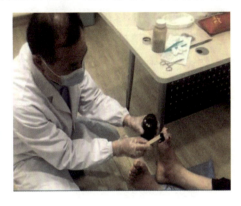

● 相信科技发展，一定可以根除糖尿病

2023年7月，程井军应邀成功访问了美国哈佛大学医学院Joslin糖尿病研究中心，Bill教授对程井军研发的能降低血糖的中药药茶和一系列治疗糖尿病足溃疡的外用中药制剂的疗效给予了充分肯定；同时，Bill教授计划在生产中药药茶和进行中药治疗糖尿病足的实验和临床研究方面与程井军研究团队进行合作。

对于一些糖尿病足溃疡患者，西医采用的方式用药水清洗来恢复伤患处，然后用植皮来解决。这样的做法在程井军看来就如"衣服破了洞打补丁，如同一个苹果烂了，就一次性把切除，不符合中医从根上恢复的'医者仁心'精神"。程井军先后结合中国传统中医医药学原理研发剂、油、粉等一系解决糖尿病足溃疡的方剂，可以让患者伤口处无痕迹愈合。例如，有一位来自河北的患者李先生，65岁，糖尿病病史10余年，并发糖尿病肾病2年及左手部溃疡3个月。经程井军网络远程诊疗给患者使用中药外敷内服3个月，手部溃疡面彻底愈合。患者称程博士"中药保'手'，不留一手"。

向世界传播中医技术

华妙（音译）来自欧洲，自幼聪敏好学，形体俊逸，颇有仙风道骨，喜欢中国文化，曾在各道教圣地修习，逐渐了解到道家有很多方面与中医不可分割，于是经人介绍来到湖北中医学院（今湖北中医药大学）。

一位患者身体困重，喜温怕冷，舌淡胖，苔白腻，脉沉缓，属于寒湿阳虚体质。在华妙的指导下，患者每日早上用白扁豆5克、茯苓10克、山药20克、红豆10克、芡实5克、大枣5克煮粥服用，同时以陈皮泡茶饮用。半个月后，患者感觉身体精神状态转佳，舌淡红，苔白微腻，嘱咐炒菜佐以生姜，适量进食羊肉，1个月余身体康健。

程井军培养了很多位像华妙热爱中医文化的外国弟子，向世界传播中医技术。

主编心语

面对"糖尿病"这一世界医学难题，程井军给出中医人自己的解决方案。对于未来梦想，程井军一是想将自己研创的"糖尿病足溃疡修复疗法中心"在各地落地，服务更多糖尿病患者；二是想空出更多时间预防糖尿病，发挥中医健康生活食育方式等理念。程井军常说的一句话："愿天下人无病，'但愿世上无疾苦，宁可架上药生尘'。"

赞糖尿病专家程井军

悬壶越海觅岐黄，杏林独辟降糖方。

愈疡自有金兰术，更遣东风渡万邦。

大医献方

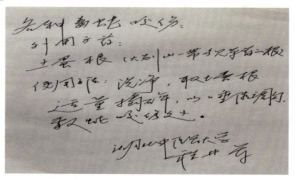

张定元：疑难杂症专家

励志行医，单脚直立苦读研

张定元出生在四川达州一个普通农村家庭。因为从小见到大山里面赤脚中医用中药救助病患而对中医产生了浓厚的兴趣，同时认为将来有一天做医生，既可以帮助人，又可以赚钱养家。起初，他跟着赤脚中医学采药、研磨中药、送药等一些学徒跑腿的活，后来跟师傅在中医诊所做一些中医辅助师傅的琐事。

从那时开始，他决定要考到医生执业证书，但要考到医生执业证书，必须要有中医学专业本科学历。于是，他报名了成人考试，考试前，每天有6—7小时都是在学习。张定元的学习方法很特别，就是单腿弯曲蹲在凳子上看书，全身重量完全在弯曲的一只腿脚尖上。这种状态的读书学习方式，每次15—20分钟，普通人是难以坚持的。

连续7年参加自学考试，前两年每次考试单科成绩都不合格，之后更加勤奋读书，每天晚上坚持自学到深夜，白天很少有时间看书，因为还要在中医门诊工作。就这样边工作、边学习，连续考了5年，终于，获得自考本科学历，此时已满40岁了。为了考取医生执业证书，总共花了7年时间。

疑难杂症"精准诊疗"的中医人

张定元平时诊病是根据病人的面色、舌色，面神等方面来判断病人的体质的。他会告知病人平时需要忌口的食物，这样平时就会少患病，就这样成为负责病人的"健康饮食陪伴者"。当一些患者咨询平时饮食注意事项时，张定元都会耐心回答。张定元的名气越来越大，也有患者用手机线上问诊的。行医这么多年，朋友圈里有4 000多个微信朋友，平时这些朋友自己生病了或者是自己的亲戚朋友生病了，都会找张定元在微信里问诊。之后开处方发照片让病人到附近的药店购买药品服用。

2018年遇到一位女性患者，每次来月经的时候乳房就会流乳汁，月经干净后就没有乳汁流出来了。其实，这位女性患者每次来月经流乳汁的情况已经有20多年了，看过很多医生都不见效。张定元用柴胡疏肝散药方、合金铃子散药方进行针对性治疗。患者服用这个药方后，这个困扰患者20多年的疑难杂症痊愈了。

从病根看诊，解决患者之苦

2019年夏天，有一位30多岁的男性病人一直发烧，经常时不时发烧到39摄氏度或40摄氏度。这种奇怪的感冒症状导致这位病人一直请假不能上班。之前，这位病人在广州看了很多家医院都无效。别人介绍这位患者到张定元这里来治疗。张定元判断他是气虚感冒引起的经

常性感冒症状。当时，张定元跟这位患者商定先开2天的中药试试效果，第二天病人打来电话告知没有发烧的症状了。之后又继续开了3天的同药方中药，服用完后高高兴兴地回单位上班了。用张定元的话说："感冒看似是一种小病，但也要从根上去为患者看诊，从根上解除患者之苦。"

一位女性病人在18岁那年生下一个男孩。到2020年来找张定元看病的时候，小男孩已经3岁了。在这3年里，她的阴道每天都有流血，去过很多医院就诊都不见效。这3年中，这位女病人增重了60多斤，很胖。张定元看诊后，判断她是血虚血瘀的"漏症"，于是用桃红四物汤药的药方进行治疗，连续服用半个月，阴道出血止住，又坚持服用1个月，最后月经每次正常来潮，可以正常到五天到七天干净。

2021年，广州某附属医院一位30多岁的女职工，自觉右腿很沉重，比左腿膨大很多。她在自己工作的医院就诊，化验科开了很多实验室检查，都查不出是什么病，后来又推给内分泌科开了很多实验室检查，也没有查出是什么病，又推给其他科去就诊，也是开了很多实验室检查，还是查不出是什么东西，这个病人当时很生气。后来，经朋友介绍来找张定元治疗。张定元开了一个当归四逆汤药方加了水蛭和虻虫在里面，几天后病情明显好转，再巩固用了几天，两条腿的大小就一样了。

主编心语

张定元行医奋斗的故事非常令人感动，从"单腿直立式"经历6次失败后终于考取中医学专业本科学历，对当代一些"内卷""躺平""焦虑"人群来说是一个破局的榜样。张定元行医中坚持从"根上解决病患之苦"的执着精神，让病人少花钱、少走弯路，体现了大医精诚悲悯恻隐之心。

赞疑难杂症专家张定元

立锥七载破寒窗，不惑方披白夹裳。

探骊每向膏肓处，九畹新苗映烛光。

张祥云：内科疑难杂症诊疗专家

周口市三川大地有这样一位始终坚持"医者仁心 病人为要"理念的卫生院院长。作为医生，他每天早上5点精准起床看中医书籍，7点准时为患者坐诊，一坐就是10多个小时。午饭常推至15至16时，有时17时。作为院长，他靠"打铁必须自身硬"的良好作风带领全院干部职工向全省一流基层卫生院建设标准冲锋。全体员工人人撸袖加油，个个视院如家。他，就是周口市淮阳区白楼镇卫生院院长张祥云。

🌿 从医为民谋长远

张祥云，1983年10入伍，曾在广西南宁空军后勤服役4年。经部队1年多的卫生专业培训，被分配到教导队担任卫生员兼文书一职。1987年12月，张祥云从部队退役后一心一意跟着父亲张明远采取师带徒的形式从背诵《药性赋》《家传脉诀》《汤头歌诀》等中医基础知识开始，深入钻研中医理论知识，掌握临床中医经验。

1992年，张祥云参加河南中医学院成人自考大专班。2017年，他参加河南中医学院成人自考本科班，2020年1月取得本科学历。其中，他全面、系统地学习了中医学基础、中医诊断学、中药学、方剂学、中医妇科学、中医内科学、西医诊断学、西医内科学等20多门课程。业余时间，他还自学《黄帝内经》《伤寒论》《金匮要略》《本草纲目》《温病条辨》《景岳全书》《叶天士医学全集》《傅青主女科》《产宝奇》《医宗金鉴》等大量中医诊疗书籍。"拥有大量中医理论知识，才能使自己的中医之树常青。"被人们称为"百姓院长"的张祥云这样对记者说。

张祥云从医40年，治愈各种患者不计其数，但在他的脑海中有这么几位病例让他记忆犹新。

中国女排世界冠军、女排队队长朱某的母亲杨女士，身患绝经前后诸症，最为痛苦的就是连续17个昼夜未眠，自杀的念头都有；还时常伴有头晕、目眩、心悸、腰膝酸软、神疲乏力等症状。曾先后到北京、上海等大医院请多位知名专家诊疗，结果并不理想。2015年12月，杨女士慕名前来张祥云这里就医。张祥云通过望闻问切，发现杨女士舌尖红、苔薄腻、脉沉弦。经辨证诊断，她身患心脾两虚、肝肾阴亏型绝经前后诸症。

2016年3月、2017年4月，加上先前的第一次，前后就诊3次，服中药70剂而痊愈。

据悉，杨女士此前在北京一家著名医院，专家开了100副中医，花费6.5万余元，仅吃10副就停用了。因为杨女士越用此药，其病情就越厉害。而用张祥云所开的中药，仅吃10副，病情就好了60%，最终把剩余60副中药吃完而痊愈。

杨女士感激道："没想到北京、上海有名大医院没治好俺的病，在淮阳一家乡医院却治好了，并且花费只有几千元钱。张院长，您可真是咱老百姓的知心院长呀！"

淮阳城关镇周女士，患子宫内膜异位症和子宫腺肌症，曾到县、市多家医院花费10多万元治疗，后又到郑州一家医院治疗，专家当时给出治疗方案就是摘除子宫。因患者只有30多岁而拒绝摘除子宫。2019年8月，经介绍找到张祥云就诊，初步诊断为肝郁肾虚血瘀型子宫内膜异位症。病症找准，对症用药。张祥云仅为周女士开了滋水清肝饮和逐淤化瘀汤加减，前后服用中药120剂，其病痊愈。后来，周女士还生下一男婴。周女士感叹道："如果听郑州专家的话摘除子宫，那么别说生孩子，俺也变成一个身体不健全的人了。"

王女士患不孕症7年。先后到北京、郑州等大医院治疗，花费40多万元，治疗6年仍未受孕。2020年1月，张祥云诊断其患先天肾气不足型不孕症。他给王女士开具自己研制的益肾孕育汤中药120剂，喝完痊愈。2021年4月顺产生下一个11斤重的男婴。

淮阳冯塘乡耿女士的侄子小明，出生3个月后患上重症肺炎，小明母亲孙女士四处求医，后又到郑州一家医院住院治疗，3个多月花完孙女士从娘家带回的16万元，还借债2.7万元。18.7万元花光了，也没治好孩子的病。后来，这家医院取得博士学位的专家建议让孙女士带孩子回家。因医院已用尽所有治疗方法与方案。

2019年5月，7个半月的小明躺在孙女士怀中找到张祥云看病。经诊断，孩子患有被农村称为"探设子"的疾病，因堵住孩子的气管而造成孩子睡觉打呼噜、睡不好，整天哭叫不止，并伴有哮喘。张祥云开具4副儿童剂中药，仅花费67元。首次就诊，张祥云用药在孩子嘴中挠一挠，谁知孩子走到半路就呼呼睡着了，并且睡得特别香。

2019年6月，郑州医学博士专家电话回访，问孩子现在啥情况。孙女士说："俺孩子的病早就好了。"当时，这位医学博士专家肯定地说："不可能。如果谁能治好孩子病，我就拜他为师。"孙女士说："孩子病真好了！俺只花了67元钱，还是在俺这里一家乡镇医院治好的。"

近年来，张祥云每年治愈上千例妇女不孕症患者，为其家庭解除疾病痛苦。尤其对于农村妇女所患的经、带、胎、产、杂等诸多疾病，张祥云已熟练运用中医妇科理论知识较为精准地辨证施治、用方用药。同时，张祥云还根据40多年临床经验结合家传秘方研发、制定出37种治疗妇科病的经验用方，皆取得较为满意的疗效。

随着治好病人的口碑相传，张祥云的名声越来越大。2016年每天平均就座量达30至40人，到2020年每天就有100余人。这些病人当中，有的称张祥云为

"送子观音"，有的称他为"当代神医"。

据悉，张祥云近10年无论是在大连乡或是白楼镇任卫生院院长，皆坚持以病人为中心的新理念，先后收住病人近10万人次，门诊病人近30万人次，治愈率达85%以上，有效率高达95%以上，仅中医药业务一项收入已占全院总收入的85%。

医德医风受人赞

医德医风是社会风气的一面镜子，是社会主义核心价值观的一个体现。为此，白楼镇卫生院始终以病人为中心，坚持患者至上、生命第一原则，最大限度地满足患者需求。

一位从新疆来此治病的78岁患者王大妈，她的儿子刘某非得送红包，张祥云几次婉拒，但刘某执意要送，最终张祥云收下。令刘某没有想的是，走时他的红包钱又被退回。这让刘某感动得不知说啥是好，拉着张祥云的手不停地感谢道："您真是老百姓的好院长呀！"

据悉，仅张祥云院长亲自拒收红包达1 000余次，拒绝宴请达600余次。为了让部分患者家属放心与安心，张祥云"唯心"收纸包，最终要么病人出院时退了，要么为病人当药费用了。这样的事在张祥云身上发生了200余次。

记者采访中发现这里的医务人员与众不同。这主要得益于该院的"两抓"：一是抓规范。接待患者用礼貌性、解释性、安慰性、保护性的文明用语，做到热情主动、温暖亲切，用"您"字打头，用"请"字开口；语调和蔼，语气平和，语速适中，让广大患者，尤其是农村患者听得懂、记得住，对老年人做到百问不厌，对每一位病人坚持做到慎言守密。二是抓检查。该院从来不乱检查、乱收费、乱用药，更不会有乱收红包或从事第二职业搞"创收"现象。因为张祥云敢喊："看我的！"在一次会议上，张祥云语重心长地对大家说："老百姓弄俩钱不容易，特别是疫情三年，大家的日子都不好过。因此，能为患者节约一分就节约一分。"

张祥云看病全靠三个指头为患者把关号脉。对此，也有好心人建议："如果不用仪器设施检查患者，就会减少院里收入。"而张祥云从不采纳这一建议，并且还对乱检查者说"不"！

该院到底是如何让大家做到医德医风高尚、零投诉的？这又得益于该院采取了一系列新举措：一是建立三级监督制度，接受群众监督。设立院内院外监督员，通过走出去、请进来的方式听取意见。二是设立举报箱、电话，建立接待日。针对群众意见集中疏理，制定相应措施，做到定时间、定人员落实整改措施，对违纪的人和事按情节轻重作出处理。三是建立自查自纠制度。该院有明确的自查自纠规定，做到值班领导查、院领导查、科主任和护士长结合科室部门情况查、医务人员结合自身岗位查，重点查服务态度、医疗质量、医患关系、收费标准、投诉信件。通过开展"四查五重点"活动，及时了解医德医风的现状，做到边查边改。四是建立考评奖罚制度。该院成立考评小组，制定考评内

容标准，定期与不定期进行考评，主要考评医疗质量、服务态度、坚守岗位、履行职责，收受钱物等情况。五是建立医德医风档案。每年对医务人员进行1—2次集中综合考评，将考评情况装入档案，把考评结果公平、公开、公正地向大家公布，并与晋升职称、调整工资、表彰先进挂钩，达到激励先进、鞭策后进、教育大家的目的。

该院副院长张峰告诉记者："没有规矩不成方圆。有了规矩就依规矩办。"开展医德医风教育的过程中，该院坚持以人为本，管理考核也坚持以人为本，对医务人员的医德医风素质进行量化评估考核，把医务人员的医德医风以数量化的形式呈现，建立对应比照关系，使医德医风管理由无形转化为有形，由原则性要求转化为数据化要求，由软指标转化为硬指标。

他们以"载体教育"的形式来加强医德医风建设，开展"以病人为中心"的职业精神、职业道德、职业信念教育活动，在活动中捕捉闪光点的"典型教育"、防范性的"超前教育"、有效性的"后进转化教育"，以及"情感教育""层次教育"等形式，以强化医患沟通的形式让患者满意。医患沟通做到限时沟通与随时沟通相结合、口头沟通与书面沟通相结合、群体沟通与个体沟通相结合、医患沟通与健康教育相结合。

记者采访时还发现，这里的科室服务标识清楚、醒目、易懂；导诊咨询、药师咨询服务考虑周全。为病人及家属设置待候诊椅、饮水、轮椅、电话等，让患者进院就有"家"的感觉。

一系列活动的开展，形成了一级抓一级、一级带一级、一级对一级负责的良好医德医风氛围。加强医德医风教育相结合，使得集中教育与经常教育、普

遍教育与重点教育相结合，正面教育与警示教育更有针对性与目的性。通过对医护人员开展微型教育，医护人员的话语更贴心、语气更温柔、笑容更灿烂，使患者倍感亲切和温暖。

一位从郑州来此就医的刘女士说："真没想到一家基层卫生院的医护人员的素质会这么高，涵养会这么深。有些地方大医院也需要前来学习与效仿。"张祥云则说："细节决定成败，更决定一切。"

🌿 尽心尽力管好院

张祥云常被患者称为"百姓院长""知心院长"，而在白楼镇卫生院任院长时又被员工们称为"平民院长"。因为张祥云在为人处世时总是没有官架子，遇事总爱与大家商量着办。他常对大家说："大家的事，大家商量着办。大家的困难，需要大家一起共同来克服。"

2011年11月，张祥云由大连乡卫生院调至白楼镇卫生院。大家都知道白楼镇卫生院底子薄、技术弱、环境差，人员思想混乱，管理难度极大，职工工资少得可怜，外面欠账多达1 000多万元。而张祥云离开大连乡卫生院时为该院留余1 800多万元现金。

白楼镇卫生院有哪些弱点与弱项？具体体现在哪里？一是没有叫得响、过得硬的医疗技术力量作支撑，整个院落面积小，是18个乡镇最小的卫生院。有时被别人称为"挖耳勺卫生院"。二是环境基础设施差，患者从院容院貌上一看就不愿意前来就诊。三是该院距离城区较近，加上现在道路又非常宽阔，绝大多数患者一有病就直接去医疗条件较好的大医院就诊了。

谈及为啥要选择来白楼镇卫生院任职时，张祥云说："咱当兵的人最喜欢的一句话就是一切行动听指挥。既然组织相信我，把我放在院长的位置，我就要勇敢地把这副担子担起来，以此赢得组织的信任与认可。"

谈及白楼镇卫生院的许多劣势时，张祥云却有与众不同的看法。他说："劣势常常可变为优势，就看你的拳头如何出了，就看你的牌如何打了。"

张祥云见记者不大理解这句话，还专门举一个拆迁旧房的事例。

他说，原来白楼镇卫生院

南边居住着21家员工，有的是现任的员工，有的是已退休的员工，有的是已调走的员工，有的是有背景的员工。

前几任卫生院院长就想扒掉这里大大小小100余间破旧小瓦房，临时搭建小棚子，以此来改变卫生院的基础设施和院容院貌，但最终都以失败而告终。因为在此居住的员工根本看不到任何希望，根本对对方的承诺就不认可、不放心。甚至，淮阳区卫健委也派人前来督导，结果仍是失望大于希望。张祥云接任院长后，并没急于火烧"三把火"，而是靠自身过硬素质赢得大家认可。

他每天早上7点准时坐诊，因其技术过硬而自带流量。许多新老患者得知他已调到白楼镇卫生院任职，纷纷开车前来就医就诊。现在张祥云每天就诊量少则100余人，多时高达248人。张祥云说："许多病人是郑州、广州的，甚至还有新疆的。他们来一趟不容易，所以我要尽早为他们看病。吃饭可以往后推迟些。"全院员工对张祥云院长这一以身作则做法看在眼里、疼在心里、爱在深处、赞在明处，所以他说啥，大家总是听之任之。

2022年7月，张祥云先让21家住户对房屋进行自我评估，而后召集大家共同评估，看看哪间房屋究竟赔偿多少。通过公平、公正、合理地综合评估，既不让住户吃亏，又不能让院里出价太高。最后，院里总出资近30万元让大家最终同意扒掉这些20世纪五六十年代的危房、破旧房。时间之快令人想不到。第一天开会商议，第二天签订协议，第三天补偿到位。

多年没有解决的老大难问题，在张祥云这任院长身上轻松化解。眼下，新的基础设施正在紧张施工和扩建，一个新型的中医馆将会更加亮丽地呈现在人们面前。

有许多员工主动告诉记者，张祥云院长值得一写。

该院副院长薛锐说："现在广大干部职工气顺了，笑容多了，因为大家都拿到了想要的真金白银。"

"现在干部职工月工资平均都能拿到3 000多元，比原来高出近3倍。因此，大家干劲也足了，上下班都是一路小跑，生怕迟到了。"该院副院长宋学臣则说。

此外，为让大家掌握更多的中医学理论知识，张祥云还为大家专门订阅了《中医杂志》《河南中医》《河南中医药学刊》《中医研究》《新中医》等专业报纸杂志，让喜欢中医药的员工从中汲取营养，充实专业知识，从而掌握中医妇科专业的新知识、新理论、新方法和新经验，使大家的专业理论知识更加精通。

师从张祥云多年的蔡伟讲："其身正，不令而行；其身不正，虽令不行。张院长的管理靠的就是高尚的人品、过硬的作风、良好的修养、高超的技术。"

此外，张祥云在繁忙的诊疗工作中，还积极撰写中医妇科论文、医案总结，参加国家和省级中医学术交流会。2015至2021年，先后10余次参加全国大型中医药理论研讨会，有的还作典型发言。

从医40多年来，无论工作单位怎么变动，职务岗位如何调换，但张祥云始终坚持常年坐诊的制度不变，始终坚持患者至上不变，始终坚持视病人为亲人的理念不变，始终坚持给病人治好病为最大快乐的宗旨不变。广大患者送来的感谢锦旗就是给给他的最高褒奖。

张祥云因工作业绩突出而获得了一系列的荣誉：2016年，获周口市食品药品监督管理局授予健康扶贫先进工作者和带头发展社会事业优秀人大代表；2018年，获周口市红十字会授予的先进工作者；2018年3月，《周口日报》以《敬业奉献中实现人生价值》为题，专门报道了张祥云的先进事迹；2019年，获中共周口市委宣传部、周口市卫健委会授予的"第一届周口市最美基层名中医"称号；2020年，获河南省卫健委表彰，授予"河南省第二届优秀中医全科医生"称号，由他带头创办的中医馆被表彰授予"河南省示范性中医馆"；2021年至2022年，连续两年被中共周口市委评为"优秀共产党员"；2021年，被淮阳区人民代表大会委员会表彰为"提出优秀建设人大代表"和"助推疫情防控优秀人大代表"。

面对这些殊荣，张祥云说："荣誉是我前行的动力，为老百姓看好病才是我的人生追求与价值。以后，我还要继续努力传承好中医药文化知识，把中医药技术发掘好、发扬好、保护好，让更多人认识中医、认可中医、热爱中医、相信中医、支持中医、运用中医，让中医为更多患者服务，培养出更多的中医人。"

主编心语

从张祥云立志从军，转业从医的经历，可以感受到他身上从军忠诚为国、

行医担当为民的正气与担当精神。正是张祥云这种用心如镜、犹如神助的品格精神，解决了平常人困扰的难题，被亲切称为"百姓院长""知心院长""平民院长"。

赞淮阳白楼镇卫生院院长张祥云

淮阳名医张祥云，家传脉诀自幼闻。

退役从医四十载，忠诚为民誉满群。

古法传承篇

赵凤林：人民的好医生、皮肤病专家

赵凤林，1951年任职淮阳专区区部政府卫生所，1955年任乡卫生院院长，1955年至1958年派到河南新乡医学院进修（师承梁鹤萱、王怀三、闫自修），1959年至1968年任大吕乡卫生所所长，1970年后因"文革"而没有了卫生所，回到大连乡卫生院任副院长，1973年郑州医学院进修6个月（师承王程琪、李景月），1978年在河南新乡医学院临床进修，1978—1998年任职大连乡卫生院，1998年退休。

2024年，赵凤林竹罐呼吸疗法被周口市淮阳区人民政府认定为非物质文化遗产代表性项目。

赵凤林将自己的一生奉献给皮肤病事业，行医70多年，擅长治疗皮癣病、疮伤、秃头癣等各种皮肤病的疑难杂症。

少年为党送信"交通员"

赵凤林1928年2月20日出生于豫东淮阳大连乡的中医世家，爷爷赵锡勇是第一代，父亲赵汝城是第二代，到赵凤林这一代已经是第三代了。父亲赵汝城那个时候是乡里的民间医生。赵凤林的青少年时期，正逢中华民族遭受外强侵略，国破民穷。他参加了革命，成了党的交通站通信员，为党交通

站送情报。1943年的一天，赵凤林为党的交通站传递情报，途中遭到日本侵略者用枪托打伤后脑（留下永久性伤疤）。

看病赊药不收钱的"赵大善人"

小时候，生活条件差，赵凤林常见到爷爷赵锡勇、父亲赵汝城收集楝枣子。当时赵凤林不知道收集这些有啥用。后来，赵凤林渐渐长大，才知道这些能治癣病。赵凤林经常看见很多秃子去到家里，后来才知道家中这些草药能治秃疮。赵凤林就好奇地问爷爷、父亲这是不是真的能治秃疮，又问咱为啥不收人家的钱。父亲回答说："这是老一辈留下来的，就不要钱，是行善的。"后来，赵凤林发现几十里地的人都来求药看秃疮，时间久了，一百里地外的人也常来到家看病拿药。这才让赵凤林知道外面秃疮病的人太多了。赵凤林的爷爷、父亲治好的人太多了，秃子传秃子，病号传病号，赵凤林十几岁就全明白了病与药的关系，也经常和父亲下地回来走到路上，到路边河沟采集有用的草药。有时，赵凤林到路边河沟坟院（墓地群）采集黄蒿、艾草棵、苍子草、苍耳子、羊金花、薄荷、青蒿等草药带回家，晾晒干，捆成捆保存起来。到了冬天就到处采集楝枣子。父亲下地干活，忙时就让赵凤林来配药，爷爷指导。从那时开始，配药的次数越来越多，赵凤林学到的也就越多。赵凤林的父亲外号"善人"，是因为看病给药帮助别人不收钱，自己家庭非常贫寒，但行医赊药是对穷人同情。

时间长了，看到病人无钱看病，看到"秃子皮肤病人"找不到老婆，赵凤林就暗暗下决心一定要学医。正有这个想法的时候，奶奶得了一场大病，真是请不起医生，看不起病，只能找一些不知名的医生。于是请到当时的民间医生袁占海、龚清龙给奶奶看病。他们用一些民间偏方、单方，半个多月后，奶奶就慢慢恢复正常了。从那时起，赵凤林就认识了几位当地医生，经常去找他们，他们出门，赵凤林就给他们背药箱，时间久了，他们看他很勤快，又好学，只是不认识太多字，于是就教他一些常用字，就这样赵凤林认识的字越来越多。

"一根针捅破天"的医者专注精神

老师教赵凤林，越教越喜欢，看他不是一个笨人，就给了他一部《四百味》的中药书，教他记药、识药、背药学。白天边干活边背书，晚上在灯下背书，一个字一个字背熟，真正做到会背、会写。从那时起，赵凤林一有空就去老中医那里学习，更加坚定了当医生为贫苦老百姓治病的想法。

中华人民共和国成立初期，全县区部没有卫生组织，也没有县医院，更没有医护组织。1951年，上级组织找了袁占海、傅孝领、李健福、王继民、赵凤

39

林几名老中医建立一家卫生所，后来为了防疫，又建立两家卫生所，上级组织就把赵凤林分到大吕乡卫生所当赤脚医生。

1959年，由于赵凤林在大吕乡卫生所工作突出，无私奉献自己研配的方子救助皮肤病人群，因此，时任周口地区行署专员巩水斌、卫生局局长康国英带领赵凤林进行全地区巡讲皮肤病预防工作，在周口全区推广赵凤林皮肤病诊疗方法，在周口地区7个县进行每场万人大会巡诊及巡讲讲解预防皮肤病知识等。

头皮癣是一种由皮肤癣菌侵入皮层感染头皮而引起的慢性传染性皮肤病。治疗时，先要将患者的头发全部剃掉，然后对头皮进行杀虫。在赵凤林看来，中原大地上的草药都是宝。有"楝枣子"，也叫"苦楝子"的植物，外形酷似酸枣，味道极苦，成熟后果肉变成软质。苦楝子是有毒不能食用的植物，但是一副中药材，具有舒肝、行气、止痛、驱虫等功效。《神农本草经》中记载了苦楝子的药用价值，可以治疗温病、伤寒太热烦躁、杀虫疗疮癣、利小便水道等。《本草纲目》也有相关记载，苦楝子可治疗疮痛、虫积、痔疮等常见病症。赵凤林用苦楝子（别名：楝枣子）、硫黄、大蒜等中药制作成外敷药膏，涂抹皮损部位，治疗头皮癣病、疮伤、秃头癣等皮肤病具有很好的效果。同时，用采集的艾叶、苍耳草、羊金花、薄荷等用来洗皮肤。赵凤林还将苦楝子研磨做成洗发膏用来洗头，可以有效祛除头发上的虱子。

赵凤林给患者看病，视病人如亲人，每天给前来治疗头皮癣的病人理发、擦药，有不能前来的患者，就登门回诊，病人家属非常感谢！一些患者的病情已经好转很多，患者看到赵凤林太辛苦，就告诉他别来看了，但他还是每天一次地回看、回诊。用赵凤林的话说："这是大夫的责任，同时也是确认总结药效及临床检验技术，积累经验的过程。"

"一方救万人"，为民着想

20世纪60年代，在豫东地区民间俗称的"秃子病"，也叫"秃疮病"流行。这些病具有传染性，有些是一家人感染。原因有很多，主要是因为那个时代人民很贫穷，有的是一家人挤在一张床、一床被窝，有些是一家人同一件衣服互穿，特别是冬天的时候一顶帽子几个人轮戴等导致皮肤真菌感染。

赵凤林采用楝枣子（又称金铃子、苦楝果、苦楝子）、大蒜、粉芡子、硫黄等配制中

药方子用于治疗"秃子病"，取得很好的效果。同时，又配制出癣疮病中草药方子等，在淮阳县帮助很多人治好了"秃子病"。那个时候人民都比较贫穷，赵凤林治病都是不收钱的。由于赵凤林配制出治疗皮肤病的中草药效果非常好，名声越传越远，因此，当时周口地区周边几个县的人都来找赵凤林治疗皮肤病。郸城、沈丘、商水乃至安徽亳州等地的人也来找赵凤林治疗皮肤病，有的家庭推着板车带着孩子过来，有的家庭用扁担挑着小孩来找赵凤林看皮肤病。

当时当地"秃子病"特别多，赵凤林就把自己家里保存的中草药方子拿去给病人。这时周口地区卫生组织组织了一支防治秃子宣传队，行署专员巩水斌、秘书长潘文理领着他们到周口地区7个县宣传预防和治疗单方、验方、治秃子的技术，要求全地区医生都要会配药和会治疗，这个时候，省里又找了为人民解决痛苦的几个特殊贡献的民间中医验方人，来自淮阳县的赵凤林就是其中之一。赵凤林把自己祖上留下的验方及配制出癣疮病中药方子等毫无保留地贡献给全省。

赵凤林先后到了信阳、大别山蔚县大礼堂、唐河县大广厂推广治疗"秃子病"验方。赵凤林自己下手，用楝枣子捣碎成浆糊状帮助头上有脓水的患者洗净，帮助患者将头发剃掉，抹上配制药膏，按照赵凤林的方法，"秃子病"10天就能治好。赵凤林说："楝枣子是个宝，一个楝枣子让我更上一层楼。"

主编心语

如今，97岁的赵凤林带领下一代每天坚持读书、学习、写字，以"心平、安乐、为人民"为生活信念。赵凤林随身带着自己的医师资格证书，说："自己可以随时出诊，可以继续为人民看皮肤病，我只专注于皮肤病，其他不二谈，一生只做一事又何妨！"

赞人民的好医生、皮肤病专家赵凤林

少岁从戎步履艰，学医济世苦精研。

根除癞痢秘方献，专治皮肤美誉传。

大爱仁心增鹤寿，回春妙手在民间。

初衷不改情依旧，德耀中州励后贤。

赵凤林收藏书籍

赵凤林党员证明

赵凤林与家人们在一起

大医献方

给孙子荞麻疹

内服：水贝戎30克，水煎服加红米行
适量。一天早日晚各一次。

外用：肚脐敷药方：
制法：荆芥穗15克，乃方辛心克白鲜皮15克
上药共石开细粉，用时取本散
5—10克，用米西醋调和成膏，炽敷
肚脐中，外用纱布封包胶布固定，
每日晚一次，10次为一疗程，一般
1—3个疗程全愈。

安月夫外科医师赵凤林。

张国珍：致力于口腔疾病预防与"口腔非诊疗"健康人才培养

张国珍，毕业于江西井冈山大学医学院口腔医学专业；2000年至2007年在九江市第一人民医院工作；2007年5月至2009年2月在深圳市布吉区红十字医院进修口腔正畸；2009年3月在景德镇市创办三和医疗口腔门诊部至今。三和医疗口腔门诊部已发展成为家族连锁企业，旗下有70多位员工，一直坚守口腔预防比治疗更重要的经营理念，以口腔公益义诊为媒介，为景德镇驻警部队现役军人、退役军人、中小学学龄儿童、企业职工、社区老人及防卫工人等不定期开展口腔义诊活动，受益人次已过10万+。

张国珍擅长口腔预防，儿牙全周期管理，儿童早期牙齿矫治干预治疗，离体牙再植，断牙修复，5分钟拔牙，10分钟种牙，无牙颌修复，半口、全口种植牙，自创研发2分钟止痛法和5分钟微创拔牙，在三和医疗口腔门诊部得到广泛临床应用。

🌵 出生口腔之家，从小立志做牙医

张国珍不到10岁的时候，奶奶已76岁高龄。那年冬天，张国珍兄弟姊妹5个小孩围在奶奶的火炉边烤红薯，边烤着红薯，边吃着香花生、香蚕豆，吃得可香、可欢了。同时，张国珍剥了一把花生米给奶奶，过了很久，76岁的奶奶却吐出了含在嘴巴里面的花生米。张国珍当时就说："奶奶，您怎么不吃呀？"奶奶说："我没牙吃不动。"张国珍看着奶奶凹陷的口型和手掌心里的几粒花生米，心里在想，自己今后一定要当一名医生，那样就可以为奶奶镶一口假牙，奶奶就可以吃东西了。张国珍

44

就对奶奶说："奶奶，以后我长大了，一定要给您镶一口假牙，让您想吃什么就吃什么。"奶奶拍着张国珍的头说："日子会越来越好的，相信大妹能给奶奶镶一口能吃饭的牙齿。"

张国珍的父亲是20世纪80年代末的游医，也就是人们常说的"赤脚医生"，常年背着牙箱走街串巷给人看牙。张国珍填报高考志愿时起初想选择的专业是妇产科或中医，而父亲推荐她报口腔临床，并肯定地跟她说："未来10年后，牙医会很吃香，而且牙医的医疗风险很低，也不会很辛苦，不需要上夜班，不需要值大夜班。"在父亲的极力推荐下，张国珍成了当地首位科班出身的牙医。

学成后坚持为老人义诊

后来，张国珍考入江西井冈山大学医学院口腔医学专业。做出这个举动，源自张国珍的奶奶，因为张国珍是奶奶带大的，她们之间的感情特别好、特别深。当时张国珍还小，还没来得及实现为奶奶用上自己给她镶牙的愿望，奶奶就早早离开了。带着这份遗憾，张国珍对无牙颌的老人，尤其是孩子不在身边的老人特别有亲切感。

从九江到景德镇，从2001年开牙科诊所到现在，张国珍记不清为多少患湿毒和有困难的老年人免费看过多少次牙，甚至免费给他们镶全口假牙。最让张国珍感动的是，她下社区，做义诊的时候总能看到这些老人们，老人们给她准备吃的，总是会抓着张国珍的手说："张院长，你真好，给我镶的牙真好用。"每当看到这个场面，张国珍就感受到自己能为人民服务，能解决别人问题的那份成就感，更加坚定地要让自己成为一位坚守初心，不忘初心，用尽一切努力让爷爷奶奶们可以信任、可以依靠的牙医。

医师需要自信、勇气与担当

2004年7月，七八个男人用以前乡下夏天睡的竹床抬着一位中年女士到牙科诊所找张国珍看牙。当时的场景把张国珍都吓蒙了。张国珍看到躺在竹床上的那位中年女士脸色煞白，嘴唇没有一丝血色。张国珍跟他们说这位阿姨的牙齿情况太严重了，不是她这家小牙科诊所能看得了的，建议转到地方口腔医院。这位女人的丈夫说："我们已经走了很多路了，是湖北过来的，张医生你就给我老婆看看吧，出了事不要张医生负责任。"张国珍记得在学校时老师反复跟自己说，医生是不可以拒绝患者的。张国珍经过仔细检查，发现这位中年女士患的是慢性根尖周炎，发作时没有得到及时缓解、及时治疗，又由慢性根尖周炎转为化脓肿。针

对这一症状，张国珍当即采用局部麻醉下手术治疗，将脓包切开引流，排出脓液，同时配合服用抗生素药。1小时左右，这位女士的脸色明显好转，嘴唇也恢复了血色。3天后，女士老公陪她一起来复诊，夫妻俩一人手上拎了一只鸡，还拿了好多他们自己种的农产品感谢张国珍。

带领口腔家族一起成长

当好一名牙医，是一件很有意义的事。中国口腔的发展历程总体比较晚、比较短，在目前国家的政策大力支持，以及行业的高速发展下，张国珍也成功地带领自己的兄弟姊妹全部从事口腔健康事业，家族旗下口腔连锁诊所十几家，已发展成为家族口腔连锁品牌。从张国珍自己的父亲再到张国珍的儿

子，已是三代牙医了，张国珍立愿要打造百年"三和医疗口腔"品牌。

💚 主编心语

牙医和其他学科医生有着很大的不同。牙医不仅要把口腔理论临床技术学好，更需要有工匠精神。当一名好牙医没有巧，只能靠勤学苦练，靠过硬的理论知识和临床技术为牙病患者解决他们的一切口腔问题。因为牙医几乎是所有临床学科当中用药最少的。

赞三和医疗口腔连锁机构创始人张国珍

医术秉承凭妙手，怀仁守正有良方。

幼童齿健根基固，老者疴消福寿长。

除浊焕新增自信，忧愁化解不迷茫。

八家连锁赢佳誉，名振瓷都业更强。

李新：中医调肤"无后遗症"皮肤康复古法调理人

李新，国家注册职业资格中医师，"赵凤林皮肤病"皮肤专科第五代传人，"李氏中医调肤"第三代传承人。李新出生于双中医世家，祖父李廷吉是当地有名的老中医，父亲李瑞章、哥哥李新旺、侄女李朝霞都是学中医的。外祖父赵凤林是河南省周口市皮肤病专家，第一代赵锡勇、第二代赵汝城、第三代赵凤林、第四代赵勋明，到李新这里已是第五代传人。

🌿 古法新用，感受"会呼吸竹罐"中药魅力

李新从小跟在父亲身旁看他给人看病抓药，中专毕业后选择就读职业卫生学校的护理学专业，后考取国家注册职业资格中医师。在新时代医美盛行的情况下，李新发现一些皮肤病患者的面部毒素久治不愈，不断有医美后遗症的出现，于是在家族中医皮肤病专家第三代赵凤林古法中药秘方外治外用、第四代中西医结合的基础上不断创新研究，通过中医中药与皮肤肌理研究，融合祖传独特秘方特点创立了第五代竹罐呼吸免疫疗法，从而有效地解决了医美后遗症、祛斑后遗症。她带领传承弟子们用中医竹子拔罐调肤法与细胞呼吸免疫疗法帮助病人进行康复调理，得到皮肤病医师及患者们的好评。

中医拔罐，古称"角法"，俗称"药罐法"，又称"中药拔罐疗法"，在我国已有2 000余年历史，最早可以追溯到先秦时期，是中药与拔罐疗法相结合的一种治疗方法。拔罐时的温热刺激作用和机械刺激作用，可以发挥中药的药理作用，是中国千年传承的独有、特殊的中医治病方法。

🌿 致力于提供"无后遗症"问题性皮肤解决方案

在李新看来，"用中医传统拔罐方法可以1分钟解决皮肤内毒素问题，而不是祛斑，斑是祛不掉的。就拿这个杯子来举例，这个杯子的底层有淤泥、有垃圾、有毒素，从上面根本看不到杯底，就如同我们的皮肤表面暗黄、暗沉、有色斑、无光泽一样，这个时候要找到问题的根源，那就是皮肤的基底层。采用不同的工具把杯子底层的色素、垃圾、淤泥分批分次取出，同时透皮给药净化补充营养，那么这个杯子里面的水就会越来越清澈，呈现出细腻、光泽、通透、亮白、紧致、清澈。

"李新将家族长辈们医学临床经验与护理医理"皮肤调养之法、辩证为先，调肤之道、功能为重"运用到容颜与脏腑，情志与气血紧密相连，运用中药纯天然萃取精华，将大自然的精华草药配制留在可以蒸发的"小葫芦"中，通过蒸汽的方式将药物的功效属性最大程度地发挥出来，再通过可以"呼吸的竹子"在葫芦出药口进行熏蒸后，放置在问题性皮肤处进行1分钟的吸取，从根本上解决皮肤健康功能，使皮肤问题不再反复，达到健康、靓丽的皮肤状态，帮助众多女性解决皮肤毒素问题。

🌿 "1分钟解决皮肤毒素问题"，中医拔罐与中药秘方的完美融合

当有客户问会不会反弹时，李新很肯定地回答："不会反弹，除非是做完调肤之后不再护理、呵护它。还有一个就是身体出现疾病，身体的一切问题就会从面部反射出来，因为我们的面部就是五脏六腑的一面镜子。"

祛斑是世界性难题，的确，从中医的角度来看，斑是湿寒瘀堵黑色素，及身体五脏六腑，情志、睡眠、饮食环境等多种因素造成的，现在市面上普遍是"祛斑"提取技术，也就是表皮剥脱，一网打尽，经过一段时间的沉淀，受紫外线刺激等各种因素的影响，络氨酸酶的活性增强，最终，斑全部反弹出来，不但没掉，反而更加严重，同时皮肤受到了严重伤害，因此，斑是祛不掉的，但可以"取"出来。例如，树枝干枯无营养，树叶就会变黄凋零，因此，一定要从根部找原因，要抓住长斑的病理，掌握原理，从而采用中医手段结合中药透皮给药的原理，把"毒素""取"出来，准确来说，我们就是"毒素"清

洁工。

古法新用，呼吸间感受中药魅力。在中医的千年智慧中，拔罐与中药秘方都是深受信赖的疗法。如今，我们将这两者完美结合，为您带来会呼吸的竹罐体验。每一次呼吸，都是一次中药与皮肤的亲密对话。"竹罐为载体，中药为魂"。精选上等

竹材制作的竹罐，不仅具备拔罐的基础功能，而且巧妙地融合了中药秘方。当竹罐吸附于肌肤之上时，中药的精华便随着呼吸渗透入皮肤内，直达病灶，起到治疗与调理的双重效果。

使用会呼吸的竹罐，不仅能感受到拔罐带来的舒适体验，更能享受到中药秘方带来的治疗效果。无论是舒缓肌肉疲劳，还是调理面部机能，都能让您在轻松愉悦中达到理想状态。

会呼吸的竹罐不仅是对中医传统文化的传承，更是中医拔罐、中药秘方与现代细胞呼吸免疫疗法的完美融合，是对中医理念与现代健康的探索与创新。

49

会呼吸的竹罐为更多的"问题性皮肤人"带来全新的健康调理康复体验。

细胞呼吸免疫疗法是人工干预互换呼吸的手段，达到细胞正常自然呼吸的调理方式；是中西医结合，1秒内透皮给药的一种疗肤方式；是以人为本、以健康为根，具有显著疗效的问题性肌肤调理方法；是一种自身免疫净化分解黑色素的新型疗法，运用传统中医结合现代生物技术把有效成分输送到皮肤内，达到透皮给药，从而加强细胞的新陈代谢，帮助修护老化的受损细胞，增加细胞的活性促进其增长，恢复自愈力，从而达到根调问题皮肤的目的。

一位调肤后的诗人有感为李新老师写了一首诗：

沐雨经寒十六春，铅华消尽不沾尘。

岐黄妙术除顽疾，医美亮肤荐李新。

守正怀忠工匠范，精研极品芷兰珍。

花城已是香如海，善德苑中尤可人。

行医的人常把葫芦挂起来当作招牌，于是就有了"悬壶济世"这个说法。有句俗语叫："不知道葫芦里卖的是什么药。"据此，李新建立了自己的"调肤军校"，将自己的中医调肤理念、原理及秘法传承并造福更多的人。

一个中医古法技艺凝结三代人的中医情怀，从民国妙手回春李大善人到李新的爷爷、父亲、哥哥，再到如今中医调肤医美巾帼"中医调肤女将"，赵凤林祖辈们所创的中医竹罐呼吸疗法中医已走完100多年的历史！

李新梦想有一天用中医技术帮助世界上更多的人，向世界传播输出中医调肤技术，让中医技术造福更多的人。更多的人受益于中医技术。

50

💚 主编心语

专访李新时，笔者感受到李新内心强烈的使命感，梦想有一天用中医技术帮助世界上更多的人，将赵凤林竹罐呼吸疗法向世界传播输出中医调肤技术，让更多的人受益于中医技术，向世界传播中华文化。

赞赵凤林竹罐伏羲调肤疗法传承人、善德苑品牌创始人李新

试羽经霜几度春，消磨岁月惜芳晨。

美容光白颜如玉，翻手肤清枝入神。

多少传奇驰誉远，始终秘法取情真。

苑中善德谁能比，客至花城慕李新。

钟继辉：中医急救传承人

钟继辉，出生于中医世家，毕业于北京中医药大学，在中医急救领域是一位备受行业尊崇的中医急救专家，是中华海峡两岸医药卫生合作协会执行会长兼秘书长、华佗神医学派第76代传人、董氏奇穴第3代传人，擅长用祖传医法调理各种积液、瘀堵。在中医领域，他以精湛的医术治疗疼痛、麻木、高血压、高血糖、痛风、中风后遗症的中医急救传承而闻名，主推中医急救手法，通过急救许多社会各界患者，以及岳父和自己女儿的亲身经历积累了丰富经验，特别是传授小孩学会噎食的自救方法而得到肯定，长期以来为社会义诊、公益讲座作出贡献，赢得了社会各界的好评。

对于中医，钟继辉提倡全民普及，急救不如自救更有保障。对于军人在战场上的压伤、枪伤、累倒等14个症状，以及日常生活中发生的心肺复苏、溺水、心肌梗死、高血压等方面36个症状，通过急救获得生还。

中医急救，作为中医智慧的重要体现，在钟继辉中医世家的传承中闪耀着独特的光芒。数代人的经验积累和钻研，让他们对各种危急病症有着独到的应对之法。

面对突发的急症时，钟继辉中医世家凭借着对脉象、病症的敏锐洞察力，能够迅速判断病情。他们运用中药方剂、针灸推拿等多种中医手段，展开争分夺秒的急救。或用一味草药化险为夷，或通过精准的穴位刺激激发人体自身的调节能力。

他们深知，中医急救不仅仅能应对当下的危机，更能为后续的治疗奠定基础，以温和而有效的方式稳定病情，为患者赢得宝贵的时间和康复的机会。

2024年7月1日上午，中国羽毛球协会发布了17岁的国羽小将张志杰在比赛中晕倒后不治离世的消息。张志杰6月30日晚在印度尼西亚日惹参加2024年亚洲青年羽毛球锦标赛小组赛最后一场比赛时，在场上突然晕倒，经赛事组委会医疗部门和当地医院抢救无效不幸离世。印度尼西亚羽毛球协会称张志杰送达医院时已无自主呼吸。

从现场画面可以看到，从张志杰倒地到被担架抬离比赛现场，赛场医疗团队并没有对张志杰进行心肺复苏术急救，不得不让人联想到是否错过了黄金抢救时间或第一时间急救是否存在被延误的可能性。在钟继辉看来，无接触的晕厥倒地应先考虑心脏骤停，在如此高强度的专业比赛中，即使自动体外除颤器没有第一时间介入，也应该采取心肺复苏术急救措施。

很遗憾，这位曾多次获得大赛冠军的国羽小将就这样离世了。大家对此感到惋惜的同时，是否应该反思应急急救事业的任重道远。

另一方面的反思是在大多数赛事活动中，配备的随行队医大多数都是学西医的医师，少数中医急救的队医没有掌握中医的抢救方法。假如在张志杰晕倒抽搐时，能第一时间做心肺复苏术及中医急救，或许这样的遗憾能够避免。

在传承与创新中，钟继辉始终坚守着中医急救的精髓，经常展开公益中医急救方法培养，如噎食吐纳自救法、慢性病心肌梗自救法，不断将古老的智慧与现代实践相结合，努力传递中医在急救领域的重要价值，为中医的传承和发展树立了典范。

主编心语

在专访钟继辉时，笔者感受到钟继辉那种传播"中医急救技术"的使命感。无论是在紧急关头的挺身而出，还是对中医急救技艺的精心钻研，钟继辉传承中医世家"医者仁心""上医治未病"的精神，诠释着中医的博大精深和无尽魅力，为守护生命健康贡献着独特的力量。

赞中医急救专家钟继辉

中医世家钟继辉，疼痛中风妙手挥。

急救未病传绝技，赛事医护显神威。

李俊威：颈肩腰腿疼痛针灸专家

李俊威，中医特色疗法推广人，中医针灸师，广州花都福缘堂健康有限公司创始人，擅长针灸、针刀、推拿、正骨、埋线等，对各种颈肩腰腿痛、增生、突出、膨出、强直性脊柱炎、前列腺炎、高血压、高血糖、尿酸高、中风后遗症、抑郁症、耳鸣、耳聋、肠胃病、鼻炎、痔疮等具有特别的效果。

神针"李俊威"古法调理解决疼痛之道

李俊威出生于河南驻马店遂平县一个中医世家，自小跟随外公、父亲学习中医药配制、针灸、点穴等康复诊疗技术，是家族古代中医第三代传承人。

53

李俊威擅长针灸解决疼痛，在40多年的中医古法健康调理中，通过针灸、艾灸人体特定穴位，帮助了很多疼痛患者解决身体病痛。李俊威凭借着深厚的家学渊源和多年的钻研实践，在疼痛中医治疗方面有着独特的见解和卓越的成就。

在李俊威看来，疼痛是身体发出的重要信号，但传统的治疗方法往往存在一定局限性。李俊威秉持中医整体观念和辨证论治的精髓，深入探究疼痛的根源和本质。对于疼痛的中医治疗，李俊威强调标本兼治。他善于运用中药的奇妙配伍，根据患者的具体症状和体质开具个性化的方剂，以达到调和气血、疏通经络、平衡阴阳的目的，从而缓解疼痛症状，同时改善患者的整体健康状况。除中药之外，针灸也是李俊威帮助患者康复调理的拿手技术之一。

一位在医院从事120急救的司机，因为长期患肩周炎，严重时手肩45°都抬不起来。他本身在医院工作，医生建议做手术治疗。他担心手术可能会导致后遗症，因此，找到李俊威，经过半个月的针灸方法调理身体，完全康复了。

李俊威用针灸出神入化，可以精准选取穴位，通过刺激特定穴位来激发人体自身的调节机制，促进气血运行，有效减轻各种类型的疼痛，无论是颈肩腰腿痛还是神经性疼痛等。

小黄姜＋艾绒＋配制秘方，艾灸康复调理

当代人普遍湿寒湿气比较严重。夏天吃水果较多及长期开空调导致湿气较重、由此产生的瘀堵毒又导致各种健康问题出现。针对这些问题，可以通过在背上（阳面）、肚脐部位（阴面）艾灸，有效排除湿寒，同时对调理肠胃的效果也特别好。

众所周知，小黄姜具有消炎杀菌、祛风除湿、解毒消肿、活血化瘀等作用；艾绒具有驱寒除湿、通经活络、温经止血、消除疲劳等作用。小黄姜＋艾绒＋配制的混合中药粉，采用熏蒸加热的方式放在背上微熏蒸30—60分钟，可以有效去除湿气、寒气。

李俊威所用的艾绒都是自己专门收集并储藏了3年的陈艾。一位60多岁的杜大姐，身体有多种疾病，如血糖高、腰肩疼痛、腿抽筋等。特别是晚上经常腿抽筋，有时白天也会，腿抽筋时疼痛得很厉害。这位杜大姐是看了一个朋友发的中医艾灸的视频才找到李俊威的。

杜大姐血糖高有9年了，看了很多医生，开了很多口服药，经常吃药导致胃又不舒服，长期吃药身体受不了。于是，就试着找中医看一下。经过李俊威15天的艾灸调理，有了明显康复改善，晚上睡觉腿也不抽筋了。杜大姐感谢说："李老师的艾灸、针灸真的太厉害了，以前爬楼梯很困难，现在爬楼梯都很利索，真的太感谢李俊威老师了，中医真的太好了，不用打针，不用吃药。"

主编心语

针灸不仅具有疏通经络、调和阴阳、扶正祛邪，而且对疑难杂症具有神奇的效果。在当代，无论是在中国还是在西方欧美都有针灸馆，他们对这一中华绝技充满好奇。相信不久的将来中医全球化将迎来更大的机遇，中医也肩负起民间外交的更大使命。

赞颈肩腰腿疼痛针灸专家李俊威

驻马店中李俊威，世家传承技艺奇。

针灸点穴除疼痛，家传秘方解病危。

特色诊疗篇

宋进兵：精准配制智慧煎药领域探索者、开创者

宋进兵，深圳市首家获政府监管部门批准具有开创性的"代煎许可证"企业创始人，中国煎药标准起草人，中医智慧煎药企业推动科技应用者、探索者、实践者。

宋进兵的"药师缘"

宋进兵在学校时学习的是西药，参加工作时做了药剂员，后又考入山西中医药大学临床医学专业。宋进兵很想做医生，想学习临床医学，可学校领导说现在医院不缺医生，缺药房药剂师。于是宋进兵找到院长，问院长能不能转到药学系。由于当时的药学系没有多少人去学习，因此，宋进兵非常轻松地转到了药学系。只可惜工资没有医学系的多了，但宋进兵并不后悔，毅然决然地选择继续学习。当时他主要学习的是西药，因为中药的课程并不多。某次上中药课程时，教授问了全班一个问题："你们是不是中国的药师？你们既然是中国的药师为什么不了解中药？身为中国药师连自家的中药都不清楚，还算是中国药师吗？"一个个问题向全班同学的耳中席卷而入，当时的宋进兵听得也是若有所思，认为中国的药师必须了解中药并发挥中药的价值。以后的日子里，宋进兵对中药的课程非常用心。

宋进兵药剂学专业毕业后来到深圳工作，创办了自己的中药医药有限公司，开了50多家药房。在药房管理中，他发现每年都会有一些药物变质，每年这些变质的药物都会报销八万元到十万元的药物财产损失。从这种状况来看，宋进兵总结出来了两个原因。第一个原因是员工养护不到位，因为药物的保存都需要定期处理，每次都需要进入储药室内进行翻斗，翻斗的意思就是把位于上方药物与位于下方药物进行位置互换，从而避免药物发潮、发霉和过期，工程量非常大。第二个原因是药物周转慢，一些非粉末类药物一直在一个地方放置，也会导致药物发霉过期及无法食用。

2017年，宋进兵所在医院连续3年业绩下降，他也分析了其中的原因。第一个原因是当时国家普及了医保卡，医保卡的发放导致来医院买药的人少之又少。第二个原因是受到第一个原因的影响，药房员工开始尝试推销卖药，都对每次来的病人进行推销卖药，买得越多越便宜。可事情并没有向好的方向发展，来医院买药的人还是越来越少。这种让顾客厌恶的作死行为让宋进兵意识到了问题的严重性。他反思到这种做法是错误的，立刻停止了这种推销卖药的方法并作出改变。

✽ 损失经营探索中找方向 "被逼转型"

恰巧当时，来了两家大型连锁店的人，一家店名叫湖南老百姓大药房；一家是广东省大森林大药房。当时宋进兵并没有那么多的周转资金，买不起大型连锁药房。之后宋进兵就买了在当地排名第二、拥有50多家小型连锁店的中小型连锁店。这两家大型连锁店的人就问宋进兵能不能卖给他们，资金不是问题，宋进兵思考后决定选择其中一家达成协议并签下了合同。这时就有人问他说："做得好好的药店铺怎么就卖了呢？"宋进兵嘴上说着是自己老了不想干了，但其实内心非常不舍。卖完之后的宋进兵开始选择另一条赛道专注做中药房，但当时的中药房家家都是亏损的，没有一家不亏损，没有一家不需要报销。3个月后，之前那两家大型连锁店的人找到宋进兵，说深圳是一个特区，水太深、路太滑，想卖药卖不出去，也不敢买，买了以后竞争不过他们。深圳药店竞争到什么程度呢？如果有人在门口开一家药店，那么宋进兵就会在他对面开一家药店，开药店的目的就是招揽客人、抢生意。曾经有一家令宋进兵感觉可笑的店铺，他认识那家药店的老板。有一次去那家药店里考察，发现药店里面有烟有酒。这时的宋进兵就夸赞这位老板，说他的药店是可持续发展的药店。为什么这么说呢？宋进兵是这样解释的："来您药店的人看病，看好之后买点酒喝，喝坏了肚子后再来药店里看病；看好之后又买包烟抽，抽坏了肺又来药店里看病；看好后又买点酒买点烟。以此反复，难道不是可持续发展吗？"说者无意，听者有心，老板的脸色变得非常难看。

深圳首家"智慧煎药房"诞生

宋进兵一开始想做一家中央中药房，为其他药房服务。其他药房接的单给到宋进兵，自己来卖药。药卖完之后自己的周转就快了，之后和其他药房分利润就可以了。结果可想而知，单子一来，宋进兵忙不过来，因为人员不够用。一些人员去抓药，一些人员去配药，一些人还要去煎药，妥妥地空缺人力资源。但人力资源上来之后呢？利润又不行了。宋进兵就想提高效率，但毛病还是会出现。高效率的差错、质量、准确、可追溯等都是会出现的，可药品的好坏都是在这些方面显现出来的，如果药品的质量没有达到用药标准，那么还要负责任。为了提高质量，节省人力，把煎药调配一体化，可复制和可追溯。为了达到这样的标准，宋进兵引入现代科技，称量、大数据、数据传输、传感、收集、收入、大数据的应用分析，还包括了报警系统、称量系统、机械系统。但这些装备都需要资金，可这资金从哪里来呢？宋进兵就开始自掏腰包、贷款，钱不够，就抵押自己的房子，还不行就二押。

宋进兵还找到了两位股东，他们听了宋进兵的想法后就觉得现在这样的发展还不错，就很欣然地投资了宋进兵。现在设备已经由一代机到了二代机，又弄了机器人做调配助理。可想而知，在引入科技时最大的困难是研发资金非常大，一个人的力量不行，需要大家的力量来。还有一个比较大的困难是推广，一些药店给病人开药后让病人回家煎药，但没有好的煎药方法。这个时候，宋进兵就向这一类药店推广自己的煎药方法，只需要药店自己调药与配药，炼药、煎药等都由宋进兵解决。只不过知名度不高，合作的药店不是特别多，需要借助媒体等网络推广自己的产品。

宋进兵在生产这些煎药机器时也是要向政府申请的，当时的智能煎药对智能中药房和煎药中心是没有标准、没有审批权限、没有审批项目的。宋进兵就向市政厅写了一份报告，市政厅里面没有这样的审批项目，需要他向省药监局写份报告。之后宋进兵的报告里就写了："请省药监局酌情批准。"得知消息后的省药监局就和宋进兵约谈。宋进兵到省药监局后，那里已经准备好了，审批处、安监处、流通处、药品生产处的四位处长都到了。还有其他摄影等人员围着宋进兵一个人，宋进兵心里感觉有点受审的阵势，心想："自己就想做一个智慧煎药房，没有犯什么错误吧！应该也没有触犯什么法律吧！"其中一位处长好像感觉出宋进兵有点紧张，说："宋老，您不要紧张，今天我们叫几个分管处长过来就是想帮助您解决问题的。"由于宋进兵的设备太多，需要审批生产许可证，可生产企业需要GMP，不然药品做不出来。审批处处长需要以宋进兵提出的要求为药品制造企业标准来审批，看这个标准是否成立接受。

从监管部门来看，"如何审批代煎许可证？按生产企业许可，还是按一人一方许可，都是一个监管的难题。"宋进兵决定让问题回归于基本的逻辑，就此事提出了自己理解标准，说："方子是有资质的医师开的，医师既然能开这个方子，也就是安全的。药是有资质的药剂师配的，煎药是有标准流程的。"宋进兵就提供了自己的解决方案："既然都是安全的，就应按照饮用制品规格。"如果按照药字号审批流程，那么仅审批药号少则几个月，多则几年，病人吃个煎药要几个月或几年就会是一个笑话了。

按药品零售经营企业标准进行审批，那道理是什么呢？药物批量进来，进来1千克的药物，但这种药的处方只要48克，需要拆零，不仅仅这一个方子需要拆零，这种药物的20种处方都要拆零，需要100个方子才能把这20千克的药物卖出去。而按照"饮用品标准"，因为药是一人一方，每一名患者用的药都是由医师开的方子，每一个方子都是不同的。

审批处处长了解了其他情况后告知宋进兵可以回去了，第二天就可以知道结果了。真就到了第二天，省药监局打电话通知了结果："按药品零售经营企业批准。"2024年，宋进兵又得到了一个进展：市场监督管理局药品处把智慧中药房煎药中心质量标准委托给深圳市医药行业协会，深圳市医药行业协会又与宝安区医药行业协会共同拿到了保准起草权，拿到起草权之后就把宋进兵叫过去写。现在已经完成，还需要进行润色。

✿ 不忘初心、用心前行

当前很多中医馆或中医院在中医药发展方面还没有足够的临床数据，难以溯源，质量控制差，致使"传承不易，发展更难"。在国家把中医药发展列为国家战略的大趋势下，深联正道智慧中药房应运而生，致力于中医药数字化、

59

数据化融合发展的正道，对中药汤剂的无差错调配、智能化煎制，可追溯管控，大数据应用进行了系统化创新、高质量实践，为中医药科技传承开辟了新赛道，为中医药健康服务建立了新标准。

深联正道智慧中药房利用现代化信息网络建设，实现仓库管理智能化，自主研发高科技制药柜，实现人机配合，自动复合，现代智慧化监制设备，遵古煎制，全流程可管可控。检查、打包药物、发出药物，先进现代化的药方炮制室，遵古炮制，先进现代化的药茶药膳实验室、药方验证室、患者反馈系统，为中医药发展开辟数字化、数据化的新赛道，占领中医药融合发展的新高地。

作为深圳市乃至整个广东省首家审批的"智慧煎药房"企业，宋进兵现在的主要精力就是如何将"智慧煎药房"进入公立医院，迅速覆盖全国。真正能驱动宋进兵做这种事业的动力并不是钱，而是他几十年的做药经历，想要给这个行业留点有价值的东西。

💚 **主编心语**

现如今，在宋进兵的努力下，深联正道中药房（深圳）有限公司以立足全球中医视野，助推健康中国建设，让中药智慧誉满全球的企业愿景，诠释中医疗效，彰显中药神奇，成为深圳高质量发展的代表企业之一、中医药高质量发展的现代企业。深圳智慧煎药企业传承中医中发展，让中药制备专业化、智能化、精准化、数字化为行业树立一面旗子。

赞深圳智慧煎药开创者宋进兵

执业药师宋进兵，智慧煎药领鹏城。

精准配置开新路，数字标杆誉满京。

通许第一医院："未来医学"的领航者

当全国中医药大会的召开吹响了中医药振兴的号角时，当习近平总书记"传承精华，守正创新"的深邃指示照亮中医药事业前行的道路时，当《中共中央、国务院关于促进中医药传承创新发展的意见》出台时，中医药发展的战略定位更加清晰而坚定。通许第一医院紧跟时代节拍，踏上了中医药传承与创新的新征程，奋力续写通许第一医院中医药发展的辉煌篇章。

国难迎风上，疫情显担当。中医佑中华，悬壶济天下。通许第一医院改良的"甘草生姜汤""大青龙汤""千金苇茎汤合射干麻黄汤"等汤剂在疫情期间大显身手，加之中药"快、准、廉"，特别是"廉"的优势，坚定了通许第一医院大力发展中医的决心。

为进一步做好祖国医学伟大宝库的挖掘、传承，促进宝库精华向临床能力转化，通许第一医院广纳贤才，陆续邀请到著名中医倪海厦的弟子李宗恩、杨贞等海内外知名中医共同成立倪海厦中医教学基地。同时，九界中医·国医大师李佃贵浊毒理论实验室相继完善。在"中医无绝症，中医无癌症"这一信念的引领下，他们携手并进，共同面对各种疑难杂症，如强直性脊柱炎、股骨头坏死、心肺衰竭等全球公认的医学难题挑战。他们凭借精湛的中医技艺，使得这些棘手的病症在这里得以迅速缓解，患者随治随走，重拾健康希望。针对肺肿瘤、肝肿瘤等重症大病及诸多疑难杂症，这些医者更是创造了一个又一个令人瞩目的医学奇迹，展现了中医在肃清病邪、祛除顽疾方面的非凡力量。

一张张笑脸，一面面锦旗，让通许第一医院更加坚定了中医的前景发展和希望，并坚信"如何让这些卓越的医术成果惠及更多患者，并防止"大病致贫、因病返贫""一人大病，三代人不幸"的悲剧在中华大地上演，仍是目前通许第一医院亟待研究的重要课题。

为此，通许第一医院结合实际，统筹发展，创造性地实施了"四大工程"，全面探寻新发展思路。

一是实施医疗质量提升工程，铸就守护健康"第一防线"。通许第一医院聚焦于医疗质量的全面提升，鼓励医疗技术创新，推动医院在特定医疗领域形成技术优势和品牌影响力。特别是疫情期间，发挥"抗疫敢为先"的行动者精神，谋划中医诊疗方案，创新中医药方，创造了"零感染、零转院、零死亡、零致残"新冠治疗奇迹。随后，通许第一医院陆续加强中医优势专科建设，做优做强骨伤、肛肠、儿科、皮肤科、妇科，以及心脑血管病、肾病、周围血管病等专科专病，及时总结形成诊疗方案，巩固扩大优势，带动特色发展。

二是实施人才队伍建设工程，培育医院发展"一流人才"。通许第一医院领导将人才培养作为医院发展的重要战略任务。同时，和省市各级医院联合构建中医服务的医疗联合体，通过培训讲座、教学查房、建名医团队、病人互转等多种方式和途径开展合作，努力做到优势互补、共同发展，提升中医药在基层的服务能力，仅2024年上半年，通许第一医院就培养中医技术适宜人才214人。

三是实施科研教学创新工程，医院鼓励创新思维，推动科研与教学深度融合。通许第一医院以中医为主导，融合西医、生物细胞技术，为每一名患者制定最佳诊疗方案。目前，以国医大师团队为中心建立了中医"排浊毒理论实验室"，并在此基础上建立了一支精准诊疗疑难杂症的强大医师团队，旨在通过排浊毒、清瘀堵、通经络、补气血、养五脏、治病养生，让患者病愈的同时更年轻、更健康。

四是实施服务流程优化与患者体验提升工程。为消除老百姓"怕花钱、怕过度医疗"的顾虑，通许第一医院联合多家国家级慈善机构，重塑医者信力"先体验，后收费"新模式，即对贫困家庭、孤儿、退役军人等群体的各种疑难杂症、重病、大病患者，一律先治疗后收费。其他患者可先体验，满意后收费，不满意零负担。

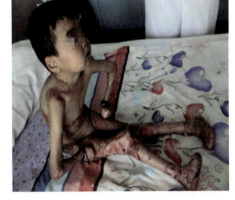

2024年7月21日，一名7岁的哈萨克族女孩（孤儿）娜孜木·叶斯太经伊犁哈萨克自治州友谊医院诊断，患上了大疱性表皮松解症、皮肤感染、营养不良等多种综合性疾病。因为疆内医院医疗条件有限，而所联系的上海、南京等大城市医院都不愿意接收，家属及地方政府费尽周折，最终辗转来到通许第一医院。娜孜木到院后，通许第一医院高度重视，医院领导亲临病房查看孩子病情，迅速组织由医院主要领导奈孝凯任组长，中医科主任程涛为副组长，儿科、皮肤科、血液科等科室主任组成的医疗小组，并制定详细的治疗方案和护理方案。目前，小女孩身上溃烂的部分手脚已开始结痂，其他部位逐渐恢复中……

每一味草药的精心配伍，每一次针砭的精准施治，彰显了古老智慧和现代科学的融合。展望未来，通许第一医院将继续深耕中医沃土，拓宽服务领域，以更加精湛的医术、更加贴心的服务为广大患者带来健康与希望。古老的中医技能和前沿生物细胞技术的完美融合开创了抗衰回春新篇章，人类健康长寿150岁不再是梦想。通过不懈的努力，让中医的光芒照亮更多人的健康长寿之路，让这份古老的智慧在新时代焕发出更加璀璨的光彩。

同时，通许第一医院领导班子诚邀社会各界朋友共襄盛举，一同见证并参

63

与中医事业的蓬勃发展。以医道仁心，共筑健康中国梦；以中医智慧，共绘健康人生蓝图。

💚 主编心语

　　对话通许第一医院院长奈孝凯，笔者感受到这是一位"敢一根针捅破天的人"，是敢行敢做敢探索，敢为人先的"未来医学"践行者。这种力量来自敢于担当强烈使命感的"大医至诚"精神。开封兰考有红色焦裕禄精神，而开封通许第一医院有"未来医学"敢为先的担当者精神。这种精神形成整个医师团队的诊疗理念："让患者少花钱，让患者少痛苦，让更多人受益中医，让大爱传人间。"通许第一医院用精湛的疑难杂症医师技术，向世界给出疑难杂症解决方案，向世界培养疑难杂症医师技术人才基地，向世界传播中医技术，向世界传播中医文化。

鹧鸪天•赞通许第一医院院长奈孝凯

橘井飘香聚圣贤，小城故事正流传。

生姜甘草汤奇妙，抗疫良方病愈痊。

排浊毒，治疑难，精诚医术敢争先。

祛疴不用先交费，大爱仁心感地天。

🌿 大医献方

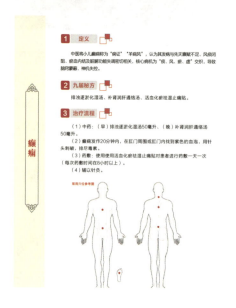

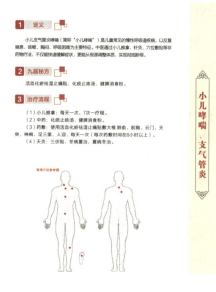

高血压

1 定义

血压是血液对血管壁施加的压力，其高低主要由两个因素决定：心脏的收缩力、血管的阻力。中医认为，寒湿是许多疾病的根源，寒气会导致血管收缩，进而增加血管的阻力。寒气的存在会影响肝气的正常升发，导致气滞化火。肝肾阴虚被视为心脑血管疾病的病理基础。

2 九届秘方

排浊逐瘀化湿汤、润肠通便汤、补肾润肝汤、活血化瘀祛湿止痛贴、阴阳合和足浴保健粉。

3 治疗流程

（1）排瘀：对患者进行全身排瘀3~7天一次、排瘀后常规贴敷药、排瘀期间可针灸，调五脏。

（2）药蒸：排瘀7天后使用阴阳合和足浴保健粉做药蒸，隔2天做一次（做药蒸期间不做针灸），共3次。

（3）中药：（早）润肠通便汤50毫升和（中）排浊逐瘀化湿汤50毫升、（晚）补肾润肝汤50毫升。

（4）重针针：大小三通+三重

常用穴位参考图

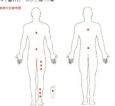

感冒发烧咳

1 定义
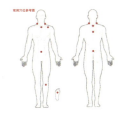

感冒发热是日常生活中常见的病症，中医认为感冒多由外邪侵袭人体所致，其中最常见的是风寒感冒和风热感冒。

2 九届秘方

感冒止咳保健粉、活血化瘀祛湿止痛贴。

3 治疗流程

（1）感冒止咳保健粉。

（2）咽喉肿痛加双羊腺痹颗粒（月经期间感冒，选小柴胡汤）。

（3）小儿感冒雾流鼻涕，活血化瘀祛湿止痛膏药贴大椎、肺腧、天突、云门、足三里（小儿食积发热用三黄颗粒）。

（4）辅以针灸。

肺炎

1 定义

肺炎是由细菌、病毒或其他微生物引起的肺部感染，这类感染主要侵犯肺泡，其中细菌性和病毒性肺炎为主要见。除感染病原体，也可能由理化因素、免疫损伤、过敏和药物引发。肺炎的临床症状包括发热、咳嗽、呼吸困难等，部分病例会表现为持续高烧和特续咳嗽等症状。病毒性肺炎可通过短距离飞沫传播，具有一定的群体聚集性发病特点。

2 九届秘方

活血化瘀祛湿止痛贴、化痰止咳汤、阴阳合和足浴保健粉。

3 治疗流程

（1）排瘀：对患者进行全身排瘀，重点对患者的肺部进行重点排瘀，排瘀后常规使用活血化瘀祛湿止痛贴进行药敷。

（2）中药：化痰止咳汤50毫升。

（3）药浴：使用阴阳合和足浴保健粉进行泡脚、药浴、药蒸。

（4）外敷：使用活血化瘀祛湿止痛贴一天一次并辅以针灸。

常用穴位参考图

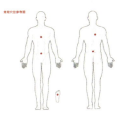

肩周炎

1 定义
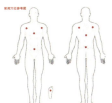

肩周炎，也常被称为五十肩、漏肩风、冻结肩等，肩周炎主要症状为病部关节僵硬、无法举高手臂，转动肩部时时会出现疼痛，冻结肩分为疼痛期、僵硬期和解冻期，疼痛期主要症状为病部疼痛，尤以夜间更为明显；僵硬期则以肩关节僵硬为主、缓解期则肩部疼痛的情况会逐渐发展，肩关节活动度会慢慢恢复。

2 九届秘方

活血化瘀祛湿止痛贴、排浊通瘀化湿汤。

3 治疗流程

（1）拍打：使用拍打手法进行治疗。

（2）排瘀：对患者痛处进行局部排瘀，排瘀后常规使用活血化瘀祛湿止痛贴进行药敷。

（3）中药：排浊通瘀化湿汤50毫升。

（4）辅以针灸。

（5）辅以针灸。

常用穴位参考图

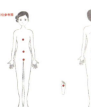

前列腺炎

1 定义

前列腺炎是男性泌尿生殖系统的常见疾病，以尿频、尿急、会阴胀痛等为主要表现。中医古籍中虽无"前列腺"一词，但根据症状可将其归为"精浊""淋证""白淫"等范畴，认为其发生与湿热、气滞、肾虚密切相关。中医从整体出发，以"清湿热、调气机、补脾肾"为核心，形成独特的诊疗体系。

2 九届秘方

活血化瘀祛湿止痛贴、前列腺保健丸、阴阳合和保健粉和足浴保健粉、排浊通瘀化湿汤、补肾润肝通络汤。

3 治疗流程

（1）排瘀：重点腰部、臀部、髋区、任督两脉交汇处，常规贴敷活血化瘀湿止痛膏。

（2）外用：前列腺保健丸塞肛门，每天一次，三次一疗程。

（3）药蒸：阴阳合和保健粉进行药蒸、药浴。

（4）中药：（早）排浊逐瘀化湿汤50毫升、（中）补肾润肝通络汤50毫升。

（5）辅以针灸。

常用穴位参考图

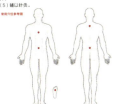

妇科炎症

1 定义

妇科炎症主要指女性生殖器官的炎症，包括外阴炎、阴道炎、宫颈炎、盆腔炎、子宫炎、附件炎等。

2 九届秘方

活血化瘀祛湿止痛贴、清宫排毒保健丸、排浊逐瘀化湿汤、补肾润肝通络汤。

3 治疗流程

（1）排瘀：以背区、腰骶部为主，排瘀后常规使用活血化瘀祛湿止痛贴。

（2）中药：（早）服排浊逐瘀化湿汤50毫升、（中）补肾润肝通络汤50毫升。

（3）药贴：活血化瘀祛湿止痛药膏贴小腹及腰骶部，每天一次，7次一疗程。

（4）外用：清宫排毒保健丸塞阴道，三天一次，3次一疗程。

（5）辅以针灸。

常用穴位参考图

痔疮

1 定义

痔疮在中医典籍中称为"痔疮"，《外科正宗》谓之"气血纵横，经络交错，浊气瘀血流注肛门"。不同于现代医学的静脉曲张学说，中医提出"痔"与五脏腑"理论，认为肛门功能与五脏气机升降密切相关，其本质是"湿热下注、气滞血瘀、中气下陷"三因交织。

2 九届秘方

痔疮保健贴、活血化瘀祛湿止痛贴。

3 治疗流程

（1）熏洗：痔疮保健粉涂在痔疮表面苦参汤熏洗。
（2）龈交割治+大肠俞挑治
（3）排瘀：臗骶部大针排瘀，排瘀后常规贴活血化瘀祛湿止痛贴。
（4）埋线

注：

（1）龈交穴割治疗法

定位：上唇系带中上1/3交界处

操作：消毒后持眼科剪剪除米粒大小结节或条索状物

机理：龈交为督脉终点，割治可调节任督二脉，改善直肠静脉回流

适应症：急性血栓性外痔、内痔出血

（3）大肠俞挑治术

定位：第四腰椎棘突下旁开1.5寸

操作：三棱针挑破表皮，挑出白色纤维样组织

作用：疏通大肠腑气，改善直肠血液循环

配合：挑治后玻璃罐出血3-5滴效果更佳

便秘

1 定义

便秘在所有人群中普遍存在，随着年龄的增长，患病率会显著增加，尤以老年女性和怀孕女性为高危人群。便秘的主要症状包括排便次数减少、粪便干硬和排便困难。这些症状经常伴有腹胀腹痛、食欲减退、疲乏无力等。

2 九届秘方

活血化瘀祛湿止痛贴、排浊逐瘀化湿汤、润肠通便汤。

3 治疗流程

（1）排瘀：臗骶部大针排瘀，排瘀后常规贴活血化瘀祛湿止痛贴。
（2）中药：（早）排浊逐瘀化湿汤50毫升、（中）润肠通便汤50毫升。
（3）辅以针灸。

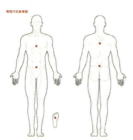
常用穴位参考图

早搏

1 定义

过早搏动简称早搏，是指异位起搏点发出的过早冲动引起的心脏搏动，为最常见的心律失常。可发生在窦性和异位性（如心房颤动）心律的基础上，可偶发或频发，可以不规则或规则地在每一个或多数个正常搏动后发生，形成二联律或联律性过早搏动。

2 九届秘方

包头粉、活血化瘀祛湿止痛贴、排浊逐瘀化湿汤、补肾润肝通络汤、心率归常汤。

3 治疗流程

（1）排瘀：对患者进行全身排瘀，重点对心胸部位及头部排瘀，排瘀后头部用包头粉进行药敷，其他部位常规使用活血化瘀祛湿止痛贴进行药敷。
（2）中药：（早）排浊逐瘀化湿汤50毫升、（中）补肾润肝通络汤50毫升、（晚）心率归常汤50毫升。
（3）药敷：使用活血化瘀祛湿止痛贴进行药敷，一天一次；使用包头粉在头部药敷（药敷时间在8小时以上）。
（4）辅以针灸。

常用穴位参考图

脱发、白发

1 定义

中医认为，脱发与早白（须发早白）的根源与肝肾不足、气血失调、湿热内蕴密切相关。肾藏精，主生发；血为阴，气血、经络参与多系统失衡。

2 九届秘方

活血化瘀祛湿止痛贴、润肠通便汤、排浊逐瘀化湿汤、补肾润肝通络汤、阴阳合和浴浴保健粉、防脱生发乌发粉。

3 治疗流程

（1）排瘀：对患者进行全身排瘀，3-7天一次，排瘀后常规贴活血化瘀祛湿止痛贴。期间可以针灸、调五脏。
（2）中药：（早）润肠通便汤50毫升、（中）排浊逐瘀化湿汤50毫升、（晚）补肾润肝通络汤50毫升。
（3）药敷：排瘀7天后做使用阴阳合和足浴保健粉药敷，隔2天做一次，共3次。
（4药敷：防脱生发乌发粉敷头，每周2次（每次药敷时间在8小时以上），8次一疗程，2-3疗程。
（5）辅以针灸。

男性功能修复

1 定义

阳痿（勃起功能障碍）与早泄是男性常见的性功能障碍疾病，现代医学多归因于心理、血管或神经因素。中医古籍中将其分别归为"阳痿""阴痿"与"早泄""精泄"，认为其发生与肾、心、肝、脾等脏腑功能失调密切相关。中医强调"精、气、神"的协调统一，从整体出发，以"补肾固精、疏肝调神"为核心，形成独特的诊疗体系。

2 九届秘方

活血化瘀祛湿止痛贴、排浊逐瘀化湿汤、补肾润肝通络汤、锁精强精丹、前列腺保健贴、包头粉。

3 治疗流程

（1）排瘀：以肾区、腰骶部为主，排瘀后常规使用活血化瘀祛湿止痛贴。
（2）中药：（早）排浊逐瘀化湿汤50毫升、（中）补肾润肝通络汤50毫升、（晚）锁精强精丹50毫升。
（3）外用：前列腺保健丸塞肛门，一天一次，3次一疗程；使用包头粉在头部药敷（包头粉使用时间在8小时以上）。
（4）辅以针灸。

常用穴位参考图

驼背、腰疼

1 定义

驼背是一种较为常见的脊柱变形，是胸椎后突所引起的形态改变，多见于年老脊椎变形、坐立姿势不正造成构成病，强直性脊柱炎等疾病。
腰疼是一种十分常见的病症，主要表现为腰背或脊背两侧部位的急性或慢性的疼痛。

2 九届秘方

活血化瘀祛湿止痛贴、排浊逐瘀化湿汤、补肾润肝通络汤、阴阳合和足浴保健粉。

3 治疗流程

（1）正骨
（2）排瘀：对患者进行全身排瘀，重点对患者的痛点进行重点排瘀，排瘀后常规使用活血化瘀祛湿止痛贴。
（3）中药：（早）排浊逐瘀化湿汤50毫升、（中）补肾润肝通络汤50毫升。
（4）药敷：使用活血化瘀祛湿止痛贴对腰部进行药敷（每次药敷时间在8小时以上），一天一次。
（5）药浴：使用阴阳合和足浴保健粉进行泡脚、药浴。
（6）辅以针灸。

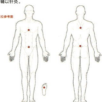
常用穴位参考图

胃胀

1 定义

胃胀，胀病之一。主证胀满、胃脘痛，引起胃胀的原因有各种各样，如，生活作息不规律，饮食不卫生等。

2 九届秘方

包头粉、活血化瘀祛湿止痛贴、排浊逐瘀化湿汤、补肾润肝通络汤、心率归常汤。

3 治疗流程

（1）排瘀：对患者头部进行排瘀治疗，排瘀后常规使用包头粉对头部药敷。

（2）中药：（早）排浊逐瘀化湿汤50毫升、（中）润肠通便汤50毫升（后期中午补肾润肝通络汤50毫升）。

（3）外用：使用前列腺保健丸塞肛门，三天一次。

（4）药敷：使用活血化瘀祛湿止痛贴进行药敷一天一次（每次药敷时间在8小时以上），使用包头粉对患者头部药敷一天一次（每次药敷时间在8小时以上）。

（5）辅以针灸。

常用穴位参考图

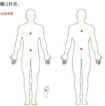

中风病症

1 定义

中风也叫脑卒中。中风是中医学对急性脑血管疾病的统称。它属以突然昏倒，不省人事，伴发口角歪斜、语言不利而出现半身不遂为主要症状的一类脑血流循环障碍性疾病。

2 关键体征识别

（1）过性黑矇：眼前突然发黑，持续数秒钟恢复（脑缺血信号）。

（2）肢体麻木无力：单侧上肢持物不稳或下肢拖沓（运动神经元受损）。

3 九届秘方

包头粉、活血化瘀祛湿止痛贴、排浊逐瘀化湿汤、安宫牛黄汤、补肾润肝通络汤。

3 治疗流程

（1）排瘀：以头面部、背部排瘀为主，排瘀后使用包头粉，其他部位常规使用活血化瘀祛湿止痛贴。

（2）中药：（早）排浊逐瘀化湿汤50毫升、（中）安宫牛黄汤50毫升、（晚）补肾润肝通络汤50毫升。

（3）药敷：包头敷头部，每天一次，7天一疗程数；使用活血化瘀祛湿止痛贴对患者患处药敷一天一次（每次药敷时间在8小时以上）。

（4）辅以针灸。

常用穴位参考图

烧伤

1 定义

烧伤是指由热力、化学物质、电流、辐射等引起的皮肤以黏膜组织损伤。根据损伤的深度和范围，烧伤可分为不同的程度。

2 九届秘方

活血化瘀祛湿止痛贴、排浊逐瘀化湿汤、润肠通便汤。

3 治疗流程

（1）药敷：使用使用活血化瘀祛湿止痛贴对患者的患处进行药敷一天一次（每次药敷时间在8小时以上）。

（2）内服：（早）排浊逐瘀化湿汤50毫升、（中）润肠通便汤50毫升，7天一疗程。

老年斑、雀斑

1 定义

老年斑，是一种临床最常见的良性皮肤肿瘤，好发于中老年人，是因为角质形成细胞增生所致的表皮的疣状良性增生。老年斑好发于面头部、背部及手背等部位。

雀斑、发生面部皮肤上的黄褐色点状色素沉着斑，系常染色体显性遗传。日晒可诱发和加重症状。

2 九届秘方

祛美白瘦脸面膜保健粉、包头粉、活血化瘀祛湿止痛贴、排浊逐瘀化湿汤。

3 治疗流程

（1）排瘀：对患者进行全身排瘀，重点对头部以及面部进行排瘀，排瘀后面部使用祛黄白瘦脸面膜保健粉进行药敷、头部使用包头粉进行药敷，其他部位常规使用活血化瘀祛湿止痛贴进行药敷。

（2）中药：排浊逐瘀化湿汤50毫升。

（3）药敷：对患者使用祛黄白瘦脸面膜保健粉药敷，三天一次。

痛风

1 定义

痛风在中医典籍中被称为"白虎历节风"，《金匮要略》形象描述其"如虎站骨，痛不可忍"。不同于现代医学的尿酸代谢学说，中医认为其本质属"浊毒内蕴、痹阻经络"，强调机体代谢失衡与外界致病因素的双重作用。

2 九届秘方

活血化瘀祛湿止痛贴、润肠通便汤、排浊逐瘀化湿汤、补肾润肝通络汤、活血化瘀祛湿止痛贴、阴阳和足浴保健粉。

3 治疗流程

（1）排瘀：小针全身梅窝排，背部滑区为重点，特别病灶局部、腿窝委中，排瘀后常规使用活血化瘀祛湿止痛贴。

（2）中药：（早）润肠通便汤50毫升、（中）排浊逐瘀化湿汤50毫升（后期中午补肾润肝通络汤50毫升）。

（3）药敷：使用活血化瘀祛湿止痛贴对患者患处进行药敷一天一次（每次药敷时间在8小时以上）。

（4）药浴：使用阴阳和足浴保健粉药浴：每周2次。

（5）辅以推拿、针灸。

常用穴位参考图

湿疹

1 定义

湿疹是一种常见的皮肤病，以皮肤红斑、丘疹、水疱、糜烂、渗出、瘙痒为主要特征。现代医学认为与湿疹与过敏、免疫异常、环境因素等有关。中医将湿疹归为"湿疮""浸淫疮""血风疮"等范畴，认为其发病与湿、热、风、血虚等因素密切相关。

2 九届秘方

活血化瘀祛湿止痛贴、润肠通便汤、排浊逐瘀化湿汤、补肾润肝通络汤、阴阳和足浴保健粉。

3 治疗流程

（1）排瘀：以背部筋区、病灶区为重点，排瘀后常规使用活血化瘀祛湿止痛贴。

（2）中药：（早）润肠通便汤50毫升、（中）排浊逐瘀化湿汤50毫升（后期中午补肾润肝通络汤50毫升）。

（3）药敷：第二或第三天药浴，回家再使用阴阳合和足浴保健粉药浴，期间配合针灸。

（4）第三天继续排瘀，排瘀后常规使用活血化瘀祛湿止痛贴。

（5）药敷：使用活血化瘀祛湿止痛贴对患者进行药敷一天一次（每次药敷时间在8小时以上）。

常用穴位参考图

骑马（322）+四花+三里
三阴安、血海、血海、合谷、筑宾穴、重点在颈部。

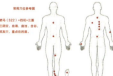

乳腺结节

1 定义

乳腺结节是女性常见的乳腺疾病，现代医学多将其归为乳腺增生、纤维腺瘤或囊肿等范畴。中医虽无"乳腺结节"这一病名，但早在《黄帝内经》中便有"乳癖""乳岩"等记载，认为其发生与脏腑功能失调、气血失和相关。中医强调整体观与辨证论治，从"肝、脾、肾"三脏入手，结合情志、饮食、体质因素，形成独特的诊疗思路。

2 九届秘方

活血化瘀祛湿汤、润肠通便汤、排浊逐瘀化湿汤、补肾润肝通络汤、乳腺舒肝保健粉、清宫保健丸。

3 治疗流程

（1）排瘀：小针全身细密排，背部心肺区为重点，特别病灶局部，排瘀后常规使用活血化瘀祛湿止痛贴。

（2）中药：（早）润肠通便汤50毫升。（中）排浊逐瘀化湿汤50毫升。（后期中午补肾润肝通络汤50毫升）。

（3）药敷：乳腺舒肝保健粉用水调成糊状，涂在胸部至小腹，再用保鲜膜包裹，每天一次（每次药敷时间在8小时以上），三次一疗程。

（4）外用：清宫保健丸塞阴道，3天一次，3次一疗程。

常用穴位参考图

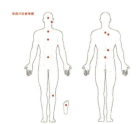

鼻炎

1 定义

鼻炎包括慢性鼻炎、鼻窦炎、过敏性鼻炎、鼻息肉、腺样体肥大。

2 九届秘方

排浊逐瘀化湿汤、补肾润肝通络汤、活血化瘀止痛贴。

3 治疗流程

（1）中药：（早）排浊逐瘀化湿汤50毫升，（中）补肾润肝通络汤50毫升。

（2）药敷：印堂、迎香、天突、大椎、肺俞、脾俞、天溪、足三里使用活血化瘀祛湿止痛贴进行药敷，一天一次（每次药敷时间在8小时以上）。

（3）鼻炎粉喷鼻孔，每天3次，七天为一疗程。

常用穴位参考图

静脉曲张

1 定义

静脉曲张是由于血液淤滞、静脉管壁薄弱等原因引发的一种疾病，表现为静脉迂曲扩张。常见的静脉曲张类型包括下肢静脉曲张、胃底-食管静脉曲张、精索静脉曲张及腹壁浅静脉张等。静脉曲张的高危人群包括长期站立、体力劳动、妊娠、慢性咳嗽、习惯性便秘等情况的人群。

2 九届秘方

包头粉、排浊逐瘀化湿汤、活血化瘀祛湿止痛贴。

3 治疗流程

（1）排瘀：主要对头部进行排瘀，排瘀后常规使用包头粉进行药敷。

（2）中药：排浊逐瘀化湿汤50毫升。

（3）药敷：使用使用活血化瘀祛湿止痛贴对患者患处进行药敷一天一次（每次药敷时间在8小时以上）。

（4）针灸：对患者的病患处进行针灸治疗。

常用穴位参考图

尿失禁

1 定义

尿失禁是常见的泌尿系统疾病，表现为咳嗽、打喷嚏或运动时尿液不自主流出，中医称之为"遗溺""膀胱咳"或"小便不禁"。中医认为其本质与脏腑功能失调导致膀胱失约，需从整体观出发，结合气血、脏腑、经络理论进行辨证施治。

2 九届秘方

活血化瘀祛湿止痛贴、排浊逐瘀化湿汤、补肾润肝通络汤、清宫排毒丸。

3 治疗流程

（1）排瘀（以肾区、腰骶部为主），排瘀后常规使用活血化瘀祛湿止痛贴。

（2）中药：（早）排浊逐瘀化湿汤50毫升，（中）补肾润肝通络汤50毫升。

（3）外用：有妇科炎症者给予清宫排毒丸塞阴部，三天一次，3次一疗程。

（4）药敷：活血化瘀祛湿止痛贴药敷小腹及腰底部，每天一次，7次一疗程。

（5）正骨：调整骨盆，修复扩大的骨盆，闭合分离的耻骨。

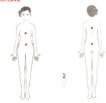

骨折

1 定义

骨折是指骨的完整性和连续性中断，通常由外力作用引起。骨折不仅影响骨骼本身，还可能损伤周围的软组织、神经和血管，严重时甚至危及生命。

2 九届秘方

接骨丹、排浊逐瘀化湿汤、活血化瘀祛湿止痛贴、阴阳合和足浴粉。

3 治疗流程

（1）整骨：手法让骨或者手术正骨，使用小夹板和石膏固定。

（2）接骨丹5-10克/次，一天2次，7天为一疗程。

（3）中药：（早）排浊逐瘀化湿汤50毫升。

（4）外敷：使用活血化瘀祛湿止痛贴，贴于患者患处。

（5）药浴：使用阴阳合和足浴保健粉药浴。

（6）针灸：辅以针灸。

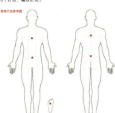

子宫下垂

1 定义

子宫脱垂的核心机制是盆底支持结构的松弛或损伤，包括以下原因：分娩损伤、激素水平下降、慢性腹压增高、先天发育异常。

2 九届秘方

活血化瘀祛湿止痛贴、排浊逐瘀化湿汤、补肾润肝通络汤、清宫排毒保健丸。

3 治疗流程

（1）排瘀：以肾区、骶腰部为主，排于后常规使用活血化瘀祛湿止痛贴。

（2）中药：（早）排浊逐瘀化湿汤50毫升，（中）补肾润肝通络汤50毫升。

（3）药敷：活血化瘀祛湿止痛贴药敷小腹及腰底部，每天一次，7次一疗程。

（4）外用：妇科炎症者给予清宫排毒保健丸塞阴道，三天一次，3次一疗程。

（5）正骨：手法调整骨盆，修复扩大的骨盆，闭合分离的耻骨。

（6）熏蒸子宫饼敷百会。

（7）辅以针灸治疗。

癌症

肺癌、肝癌、胃癌、肠癌、骨癌、皮肤癌、甲状腺癌

1 定义

中医将癌症归为"癌瘤""积聚"等范畴，其核心病机可概括为"正气亏虚为本，痰瘀毒聚为标"。

2 九届秘方

活血化瘀祛湿止痛贴、排浊逐瘀化湿汤、补肾润肝通络汤、散结逐瘀消瘤攻毒汤。

3 治疗流程

（1）排瘀：以背部排瘀为主，排瘀后常规使用活血化瘀祛湿止痛贴。

（2）中药：（早）排浊逐瘀化湿汤50毫升、（中）补肾润肝通络汤50毫升、（晚）散结逐瘀消瘤攻毒汤50毫升。

（3）药灸：活血化瘀祛湿止痛贴药膏敷病灶（每次药敷时间在8小时以上），每天一次，7次一疗程。

（4）辅以针灸。

常用穴位参考图

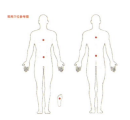

冠心病

1 定义

冠心病（冠状动脉粥样硬化性心脏病）是现代医学中的常见心血管疾病，主要表现为心肌缺血、心绞痛、心肌梗死等症状。中医学虽无"冠心病"这一病名，但根据其临床表现，可归属于"胸痹""心痛""真心痛"等范畴。

2 九届秘方

活血化瘀祛湿止痛贴、阴阳合和足浴保健粉、润肠通便汤、排浊逐瘀化湿汤、补肾润肝通络汤。

3 治疗流程

排瘀：对患者进行全身排瘀，3～7天一次，排瘀后常规使用活血化瘀祛湿止痛贴。期间可以针灸，调五脏。

（2）药灸：排瘀7天后做使用阴阳合和足浴保健粉药蒸，隔2天做一次（做药蒸的时候不做针灸），共3次。

（3）中药：（早）润肠通便汤50毫升、（中）排浊逐瘀化湿汤50毫升、（晚）补肾润肝通络汤50毫升。

（4）重针针：大小三通、三重、内关心门。

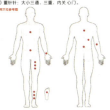

糖尿病、糖尿病烂足

1 定义

糖尿病的发生与五脏功能减退密切相关，尤其是与糖代谢相关的脏腑，如脾、肝、肾、肺和胃。浊毒是糖尿病的致病因素，糖尿病形成后体内会产生浊毒，瘀堵经络和血脉，影响甚至损害五脏功能，因此排除体内浊毒是治疗糖尿病的关键。

2 九届秘方

活血化瘀祛湿止痛贴、阴阳合和足浴粉、消糖理膜汤、排浊逐瘀化湿汤、补肾润肝通络汤。

3 治疗流程

（1）排瘀：全身排瘀，每周1～2次，排瘀后常规使用活血化瘀祛湿止痛贴。

（2）药灸：阴阳合和足浴保健药蒸，每周1～2次。

（3）中药：（早）消糖理膜汤50毫升、（中）排浊逐瘀化湿汤50毫升、（晚）补肾润肝通络汤50毫升。

（4）埋线：每月进行一次。

（5）针灸：使用董针针、上三黄、下三皇和四花穴。

常用穴位参考图

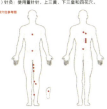

心梗、脑梗预防

1 定义

心梗、脑梗作为心脑血管疾病中的两大严重病症，各有独特的特点以及临床表现，是气血运行失常与脏腑功能失调共同作用的结果。

2 九届秘方

包头粉、活血化瘀祛湿止痛贴、排浊逐瘀化湿汤、破格救心汤、补肾润肝通络汤。

3 治疗流程

（1）排瘀：以头颈部、心肺部排瘀为主，排瘀后头部使用包头粉；其他部位常规使用活血化瘀祛湿止痛贴。

（2）中药：（早）排浊逐瘀化湿汤50毫升、（中）破格救心汤50毫升、（晚）补肾润肝通络汤50毫升。

（3）药灸：活血化瘀祛湿止痛贴药膏敷胸和背部，每天一次，7次一疗程；包头粉在头部的药敷（包头粉使用时间在8小时以上）。

（4）辅以针灸。

心梗、脑梗后遗症治疗

1 定义

心梗、脑梗作为心脑血管疾病中的两大严重病症，发病一年后，如果还存在半身不遂或者语言障碍或口眼歪斜等症状，就叫做心梗、脑梗后遗症，该时期也叫做心梗、脑梗后遗症期与恢复期期相同，恢复速度及程度较慢。

2 九届秘方

包头粉、活血化瘀祛湿止痛贴、排浊逐瘀化湿汤、补肾润肝通络汤、阴阳合和足浴保健粉。

3 治疗流程

（1）排瘀：进行全身排瘀，排瘀后头部使用包头粉，其他部位常规使用活血化瘀祛湿止痛贴。

（2）中药：（早）排浊逐瘀化湿汤50毫升、（晚）补肾润肝通络汤50毫升。

（3）药灸：活血化瘀祛湿止痛贴敷前胸、后背，脐、脐中、双涌泉（药敷时间在8小时以上）；包头粉在头部的药敷（药敷时间在8小时以上）。

（4）药灸：使用阴阳合和足浴保健粉泡脚，药浴治疗。

（5）辅以针灸治疗。

常用穴位参考图

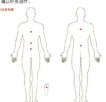

抑郁症

1 定义

抑郁症是现代医学中的常见精神心理疾病，以情绪低落、兴趣减退为核心症状。中医虽无"抑郁症"这一病名，但早在《黄帝内经》中便有"郁证""百合病""脏躁"等记载，认为其发生与情志内伤、脏腑失调密切相关，中医从整体视发出发，以"气机郁滞"为核心病机，结合体质、环境等因素，形成独特的诊疗体系。

2 九届秘方

包头粉、祛黄美白嫩脸面膜保健粉、活血化瘀祛湿止痛贴、阴阳和合汤、排浊逐瘀化湿汤、补肾润肝通络汤、阴阳合和足浴保健粉。

3 治疗流程

（1）排瘀：头面部排瘀，背部肝区为重点，排瘀后头部使用包头粉、面部使用祛黄美白嫩脸面膜保健粉，其他部位常规使用活血化瘀祛湿止痛贴。

（2）中药：（早）阴阳和合汤50毫升、（中）排浊逐瘀化湿汤50毫升（后期中午补肾润肝通络汤50毫升）。

（3）药灸：使用阴阳合和足浴保健粉做药蒸、药浴，每周2次。

（4）辅助外用：使用活血化瘀祛湿止痛贴敷做前胸、后背，脐，脐中、双脚涌泉；使用包头粉在头部药敷（药敷时间在8小时以上）。

（5）辅以推拿、针灸。

常用穴位参考图

强直性脊柱炎

1 定义

强直性脊柱炎在中医古籍中被称为"大偻""龟背风"或"骨痹"，《黄帝内经》记载："腰背不能立，龟背不能正""肾生骨髓……骨髓不足则腰背不能举，两脚痿弱不能行"。中医认为，身有为"肌气之海"，督脉总督一身之阳，督脉受损则身不直，外邪乘虚而入，导致脊椎畸形。

2 九届秘方

中医治疗强直性脊柱炎以"祛阳祛痹，缓剂固本"为原则，注重调节肝肾阴阳、化瘀止痛：
（1）内治：中药分期治疗
- 急性期（湿热痹阻）
  方剂：四妙丸合苍柏散加减（黄柏、苍术、薏苡仁、土茯苓、忍冬藤）。
- 缓解期（肾虚督寒）
  方剂：右归丸合青娥丸加减（鹿角胶、菟丝子、杜仲、骨碎补、熟地黄）。
- 地龙（虫类药）
  （2）外治：疏通督脉祛阳气
- 督脉灸（长蛇灸）：沿脊柱铺姜泥、艾绒，点燃照灼温通督脉，适用于肾阳虚证。
- 刺络拔罐：在疼痛明显的华佗夹脊穴点刺放血、拔罐祛瘀，缓解急性期疼痛。
- 中药熏蒸：用桂枝、艾叶，透骨草等药熏蒸局部卷经、祛湿寒邪。

股骨头坏死

1 定义

在中医古籍中，股骨头坏死被称为"骨蚀""骨痹"或"髋骨痹"，《黄帝内经》记载："骨痹者，骨中空虚"，形象描述了骨组织缺血坏死的病理特征。中医认为，股骨头坏死的核心为"气血失和，筋脉失养"，与肝肾亏虚、脉络瘀阻密切相关。

2 九届秘方

活血化瘀祛瘀止痛，排泄通经化瘀汤，补肾润肝通络汤，强健补肾汤，包头丸。

3 治疗流程

（1）排瘀：以腰椎部，髋关节及周围为主排瘀后常规使用活血化瘀祛瘀止痛药。
（2）中药：（早）排泄通经化瘀汤50毫升，（中）补肾润肝通络汤50毫升，（晚）强健补肾汤50毫升。
（3）药物：排泄通经化瘀酸酸原处敷于髋处，每天一次（每次使用时间在小时以上），7次一疗程，使用包头包布在髋部敷（包头敷使用时间在小时以上）。
（4）正骨疗法，拍打环节，辅以针灸。

胃下垂

1 定义

胃下垂是由于膈肌悬力不足，支撑内脏器官韧带松弛，或腹内压增高、腹肌松弛，导致立位时胃大弯抵达盆腔，胃小弯弧线最低点降到髂嵴连线以下，常伴有十二指肠球部位置改变。正常人在躺卧时以上，直立时的最低点不应超过下降端。其位置相对固定，对于维持胃的正常功能有一定作用。

2 九届秘方

包头粉、活血化瘀祛瘀止痛贴、排泄通经化瘀汤、补肾润肝通络汤、阴阳合和足浴保健粉。

3 治疗流程

（1）排瘀：对患者进行全身排瘀，重点部位进行排瘀，排瘀后头部使用拔罐后。其他部位常规使用活血化瘀祛瘀止痛进行排瘀。
（2）中药：（早）活血化瘀祛瘀止痛汤50毫升，（中）补肾润肝通络汤50毫升。
（3）药物：使用阴阳合和足浴保健粉进行泡脚，药油。
（4）药物：使用活血化瘀祛瘀止痛贴敷于患处的腹部和背进行药物，使用包头粉敷于头部的腹部（包头粉使用时间在小时以上）。
（5）辅以针灸。

带状疱疹

1 定义

带状疱疹，中医称为"缠腰火丹"或"蛇串疮"，是一种以水疱、呈带状疱疹病毒引起的急性疱疹性皮肤病，中医认为，带状疱疹的发生与肝火湿气有关，外感湿热毒邪有关。

2 九届秘方

排泄通经化瘀汤、润肠通便汤、活血化瘀祛瘀止痛贴、祛黄美白瘦脸润肤保健粉。

3 治疗流程

（1）中药：（早）排泄通经化瘀汤50毫升，（中）润肠通便汤50毫升，7次一疗程。
（2）药物：活血化瘀祛瘀止痛贴、祛黄美白瘦脸润肤保健粉安置患处使用，直接敷在患处上（使用时间在小时以上）。
（3）拔罐：在疱疹周围或拔罐穴位进行拔罐，以祛除湿热毒邪，促进局部血液循环。
（4）辅以针灸。

滑膜炎

1 定义

滑膜炎是一种常见的关节疾病，主要分为急性滑膜炎和慢性滑膜炎两种类型。急性滑膜炎多见于好行运动的青年人以及有积液肿胀，扭伤等外伤的人群，慢性滑膜炎则是由急性滑膜炎治疗不及时而转变而来，或是由于长期过度使用而引起。进行性关节腔液或血症免疫性疾病引起了慢性炎症。滑膜炎的临床症状包括疼痛不同程度的肿胀、疼痛、僵硬，可伴有全身症状和全身低热，部分患者会有相应关节肿胀的情况。

2 九届秘方

活血化瘀祛瘀止痛，排泄通经化瘀汤。

3 治疗流程

（1）拍打：对患者进行拍打。
（2）排瘀排疗：对患者瘀进行排瘀疗，排瘀后常规使用活血化瘀祛瘀止痛进行排瘀。
（3）中药：排泄通经化瘀汤50毫升。
（4）药物：使用活血化瘀祛瘀止痛贴进行药敷（每次药敷时间在小时以上），一天一次。
（5）辅以针灸。

肝炎

1 定义

肝炎是肝脏炎症的病症，通常是指由多种致病因素——如病毒、细菌、寄生虫、化学毒物、药物、自身免疫因素等使肝脏细胞受到破坏、肝脏的功能受到损害，引起身体一系列不适症状，以及肝功能指标的异常。

2 九届秘方

包头丸、活血化瘀祛瘀止痛、排泄通经化瘀汤、补肾润肝通络汤。

3 治疗流程

（1）排瘀：对患者进行全身排瘀，重点部位进行排瘀，排瘀后头部使用拔罐后规进行排瘀。身体其他部位常规使用活血化瘀祛瘀止痛进行排瘀。
（2）中药：（早）活血化瘀祛瘀止痛汤50毫升，（中）补肾润肝通络汤50毫升。
（3）药物：每天使用活血化瘀祛瘀止痛进行药敷。
（4）辅以针灸。

慢性胃病

1 定义

慢性胃病是一类常见的消化系统疾病，包括胃反流性食道炎、慢性胃炎、萎缩性胃炎、胃癌等多种疾病，中医认为，慢性胃病的发生与脾胃功能虚弱相关，其核心病机为"脾胃虚弱、气机失调"。

2 九届秘方

排泄通经化瘀汤、润肠通便汤、补肾润肝通络汤、活血化瘀祛瘀止痛、阴阳合和足浴保健粉。

3 治疗流程

（1）中药：（早）排泄通经化瘀汤50毫升，（中）补肾润肝通络汤50毫升。
（2）药物：使用活血化瘀祛瘀止痛贴敷于患处进行药敷（每次药敷时间在小时以上），一天一次。
（3）药物：用阴阳合和足浴保健粉泡脚。
（4）针灸：局部胃、大肠内俞，辅以。
（5）拍打：配合病人腹部的拍打疗法。

甲亢·甲减·甲状腺结节

1 定义

甲亢、甲减是最常见的病名，相当于中医的瘿病、瘿瘤、瘿囊甲状腺肿大的一类疾病。甲状腺功能亢进，属于甲状腺功能亢进症，甲状腺肿瘤、瘿囊、甲状腺功能减退症，甲几属于甲减。甲状腺瘤、甲状腺结节，并有甲状腺功能障碍，甲减出现甲状腺功能减退。

2 九届秘方

活血化瘀祛瘀止痛、排泄通经化瘀汤、润肠通便汤、补肾润肝通络汤、天地岁。

3 治疗流程

（1）排瘀：大针排瘀，每小针排瘀交替使用，每周1—2次，以头部部、心俞社、心肺俞为主，排瘀后常规使用活血化瘀祛瘀止痛。
（2）中药：（早）排泄通经化瘀汤50毫升，（中）补肾润肝通络汤50毫升。
（晚）补肾润肝通络汤50毫升。
（3）针灸：正骨、整体、拍打，隔天一次；针灸以督脉针针为主，以上三颈，下三焦，三颈。
（4）天地岁的药疗法，每周1—2次。

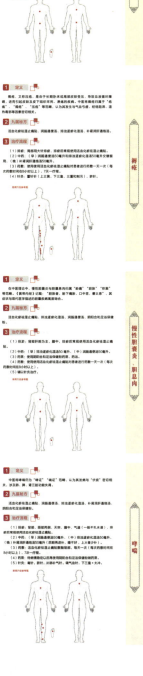

心脏衰竭

1 定义
心脏衰竭是一种常见且危重的疾病，被认为是世界十大疑难病之一，其主要原因是心脏的心肌、瓣膜、血管和神经受损，进而使心脏功能严重受损。

2 九扁秘方
排浊瘀化湿汤、补肾润肝通络汤、破格救心汤、天地炉。

3 治疗流程
· 急性心衰：在醒中、气海（云门）中府、水道、药仓、印堂、素髎、太冲等部位点刺出血，肾腧心腧区和背区的大针刺血排毒。
· 慢性心衰：（以块正为主，块刺为辅）
（1）排毒：大针一周一次（总出血量约50ml）。
（2）中药：（早）排浊瘀化湿汤50毫升，（晚）补肾润肝通络汤50毫升，黄连的辨证注治。（早晚）破格救心汤为各50毫升。
（3）药患：天地炉一周一次。
（4）针灸：（每天或隔天）针刺一次水全、太冲、鱼际、内关、曰髎、足三里、董针针灸小三通、三董、四花穴；云门、中府、曲泽（拍打肘部）；醒中（刺血）。

淋巴结核·淋巴瘤

1 定义
淋巴结核是由结核分枝杆菌感染引起的淋巴结炎症，属于结核病的一种，常见于颈部、腋窝、腹股沟等部位的淋巴结，在颈部的淋巴结核，中医称瘰疬。
淋巴瘤是一种起源于淋巴系统的恶性肿瘤，主要分为霍奇金淋巴瘤（HL）和非霍奇金淋巴瘤（NHL）两大类。

2 九扁秘方
排浊瘀化湿汤、补肾润肝通络汤、活血化瘀祛湿止痛贴。

3 治疗流程
（1）淋巴清药散5~9味每次，一天2次，15天一疗程，需持续4~5个疗程的治疗。
（2）中药：（早）排浊瘀化湿汤50毫升，（晚）补肾润肝通络汤50毫升，15天一疗程。
（3）药患：使用活血化瘀祛湿止痛贴对患者进行的数一天一次（每次药敷时间在8小时以上）。
（4）辅以针灸。

慢性荨麻疹·牛皮癣

1 定义
慢性荨麻疹，中医称之为"瘾疹"或"风瘙隐"，是一种常见的皮肤病，主要表现为皮肤上反复出现红色或风团样皮疹，伴有剧烈瘙痒。
牛皮癣，现代医学称为银屑病，是一种慢性、复发性、炎症性皮肤病，表现为皮肤红斑、鳞屑，瘙痒等症状。因其顽固难治，常给患者带来身心困扰。中医对牛皮癣的认识源远流长，将其归为"白疕""松皮癣"等范畴。

2 九扁秘方
活血化瘀祛湿止痛贴、润肠通便汤、排浊瘀化湿汤、补肾润肝通络汤、阴阳合和足浴保健粉。

3 治疗流程
（1）排毒：肾部腧区、病灶区为重点，排毒后常规使用活血化瘀祛湿止痛贴。
（2）中药：润肠通便汤50毫升，（中）排浊瘀化湿汤50毫升（晚中补肾润肝通络汤50毫升）。
（3）药患：使用阴阳合和足浴保健粉的药水、药油。
（4）辅以针灸。
（5）三头火针、点刺波感染区。

胆结石·肾结石·尿管结石

1 定义
中医认为，结石的形成与人体内外环境失衡密切相关，通过调整气血、脏腑运动，可达到标本兼治的效果。

2 九扁秘方
活血化瘀祛湿止痛贴、排浊瘀化湿汤、润肠通便汤、补肾润肝通络汤、阴阳合和足浴保健粉。

3 治疗流程
（1）排毒：背腧区（以肾区、肝胆区为重点），排毒后常规使用活血化瘀祛湿止痛贴。
（2）中药：（早）排浊瘀化湿汤50毫升，排石颗粒冲剂。
（3）药患：使用阴阳合和足浴保健粉的药水，每天三次。
（4）排完结石后配合补肾润肝通络汤。

淋巴结节

1 定义
淋巴结结节是由感染或炎症反应而产生的急性炎症，常见于颈部、腋窝、腹股沟等部位。

2 九扁秘方
排浊瘀化湿汤、活血化瘀祛湿止痛贴。

3 治疗流程
（1）淋巴清药散1~5克每次，一天2次，7天一疗程。
（2）排浊瘀化湿汤50毫升，一天一次，7天一疗程。
（3）药患：使用活血化瘀祛湿止痛贴对患者进行的数一天一次（每次药敷时间在8小时以上）。
（4）辅以针灸。

痔疮

1 定义
痔疮，又称痔疮，是由于长期久坐或慢性便秘导致肛周血液循环障碍，进而引起皮肤及皮下组织和局部组织充血、瘀血的疾病，中医将痔疮归属于"痔疮"、"痔瘘"等范畴，认为其发生与气血失调、经络阻滞、湿热郁积等因素密切相关。

2 九扁秘方
活血化瘀祛湿止痛贴、润肠通便汤、排浊瘀化湿汤、补肾润肝通络汤。

3 治疗流程
（1）排毒：痔部用大针排毒，排毒后常规使用活血化瘀祛湿止痛贴。
（2）中药：（早）润肠通便汤50毫升和排浊瘀化湿汤50毫升交替使用。
（3）药患：使用活血化瘀祛湿止痛贴对患者进行的数一天一次（每次药敷时间在8小时以上），7天一疗程。
（4）针灸：董针针（上三董、下三董、三董和刺）、新针。

慢性胆囊炎·胆息肉

1 定义
在中医理论中，慢性胆囊炎与胆囊息肉归属"胁痛""胆胀""积聚"等范畴，《黄帝内经》记载："胆胀者，胁下痛，口中苦，善太息"，其症状与现代医学描述的胆囊疾病表现颇为相似。

2 九扁秘方
活血化瘀祛湿止痛贴、排浊瘀化湿汤、润肠通便汤、阴阳合和足浴保健粉。

3 治疗流程
（1）排毒：背部肝部为主，排毒后常规使用活血化瘀祛湿止痛贴。
（2）中药：（早）排浊瘀化湿汤50毫升，（中）润肠通便汤50毫升。
（3）药患：使用活血化瘀祛湿止痛贴对患者进行的数一天一次（每次药敷时间在8小时以上）。
（4）辅以针灸治疗。

哮喘

1 定义
中医将哮喘归入"哮证""喘证"范畴，认为与其发病与"伏痰"密切相关，涉及肺、脾、肾三脏功能失调。

2 九扁秘方
活血化瘀祛湿止痛贴、润肠通便汤、排浊瘀化湿汤、补肾润肝通络汤、阴阳合和足浴保健粉。

3 治疗流程
（1）排毒：肾腧、膻腧两侧、天突、膻中、气海（一般于上水水道），排毒后常规使用活血化瘀祛湿止痛贴。
（2）中药：（早）润肠通便汤50毫升（中）排浊瘀化湿汤50毫升，（晚）补肾润肝通络汤50毫升。咳嗽不停，痰不多，上火者少补。
（3）药患：活血化瘀祛湿止痛贴药背穴敷背穴贴，每天一次（每次药敷时间在8小时以上），7天一疗程。
（4）药患：持续增敷贴以后再使用阴阳合和足浴保健粉的药水。
（5）针灸：痛针、新针；补肺补气针、调气血、下三里·太冲。

71

慢性支气管炎

1 定义

慢性支气管炎（简称"慢支"）是一种以反复咳嗽、咳痰、喘息为主要特征的呼吸系统疾病。中医通过整体辨证施治，不仅能够缓解症状，更能从根源调整机体失衡状态，实现"治本"目标。

2 九届秘方

活血化瘀祛湿止痛汤、润肠通便汤、排浊速愈化湿汤、补肾润肝通络汤、刚阳合和足浴保健粉。

3 治疗流程

（1）排浊：背部、肺部两侧、天突、膻中、气海、肺俞后常规使用活血化瘀祛湿止痛汤。
（2）中药：（早）润肠通便汤50毫升，（中）排浊速愈化湿汤50毫升。
（3）药贴：活血化瘀祛湿止痛敷膏敷脐背部、头部，（每次药敷时间在4小时以上），7次一疗程。
（5）针刺：肺针、肾针、补肾补气针、调气肝，下三里＋太冲。

乳腺癌

1 定义

乳腺癌在中医古籍中被称为"乳岩""乳石痈"，其发病机理可概括为"正虚为本，邪实为标"，冲、任、肝、脾三脏功能失调与气、瘀、痰的相互胶结，中医认为"七情内伤"是重要诱因。《外科正宗》指出"忧郁伤肝，思虑伤脾，长期情绪抑郁或压力导致肝气郁结，气血运行受阻，形成乳房肿瘤、肿块。现代研究证实，约60%的乳腺癌患者发病前有情志刺激史，这与肝郁脾虚的病机一内分泌—免疫网络紊乱密切相关。

2 九届秘方

活血化瘀祛湿止痛汤、排浊速愈化湿汤、补肾润肝通络汤、散结逐瘀消癥攻毒汤、清宫排毒丸。

3 治疗流程

（1）排浊：以心俞肺区部为主，排浊后常规使用活血化瘀祛湿止痛汤。
（2）中药：（早）排浊速愈化湿汤50毫升，（中）补肾润肝通络汤50毫升，（他）散结逐瘀消癥攻毒汤50毫升。
（3）外用：清宫排毒丸灌肠液，三天一次，3次一疗程。
（4）药贴：活血化瘀祛湿止痛敷膏敷脐背部，每天一次（每次药敷时间在小时以上），7次一疗程。
（5）清以针灸。

恶性葡萄胎

1 定义

恶性葡萄胎（侵蚀性葡萄胎）是妊娠滋养细胞疾病中的一种恶性肿瘤中医从整体论治，认为其发病与正气不足、瘀邪毒结、冲任失调密切相关。

2 九届秘方

活血化瘀祛湿止痛汤、排浊速愈化湿汤、补肾润肝通络汤、散结逐瘀消癥攻毒汤、清宫排毒丸。

3 治疗流程

（1）排浊：以调区、腰骶部为主，排浊后常规使用活血化瘀祛湿止痛汤。
（2）中药：（早）排浊速愈化湿汤50毫升，（中）补肾润肝通络汤50毫升，（他）散结逐瘀消癥攻毒汤50毫升。
（3）外用：清宫排毒丸灌肠液，三天一次，3次一疗程。
（4）药贴：活血化瘀祛湿止痛敷膏敷小腹及腰部，每天一次（每次药敷时间在小时以上），7次一疗程。
（4）清以针灸。

呼吸衰竭

1 定义

呼吸衰竭（简称"呼衰"）是一种因肺通气或换气功能障碍导致的严重临床综合征。常伴随乏力等症状，尤其在慢性肺心病患者中更为常见，中医通过"心肺同治"、"温肾利水"等特色疗法，不仅能缓解急性发作，更能改善患者整体生活质量。

2 九届秘方

活血化瘀祛湿止痛汤、排浊速愈化湿汤、润肠通便汤、补肾润肝通络汤、刚阳合和足浴保健粉。

3 治疗流程

对危急重的呼衰患者先用西医抢救，维持病人的基础的生命体征，同时介入中医的治疗。
（1）排浊：排浊后常规使用活血化瘀祛湿止痛汤。
（2）拍心俞膻中穴：以小剂量开包，以心包处拔心俞穴，调节大剂量的灯子。
（3）有督脉部：肺部经络部用不脊灸法加减，重肺化痰。
（4）中药：（早）排浊速愈化湿汤50毫升，（中）润肠通便汤50毫升。
（5）药贴：使用刚阳合和足浴保健粉。
（6）针灸：埋线。

子宫肌瘤、卵巢囊肿、hpv病毒、子宫糜烂

1 定义

现代生活方式对女性生殖健康的影响不容忽视，长期精神压力大、情绪抑郁会导致肝气郁结；饮食不节、过度劳累会损伤脾胃；熬夜、房事不节会耗伤肾精。这些因素会加重脏腑功能失调，促进一系列疾病的产生。

2 九届秘方

活血化瘀祛湿止痛汤、排浊速愈化湿汤、补肾润肝通络汤、清宫排毒丸。

3 治疗流程

（1）排浊：以后区、腰骶部为主，排浊后常规使用活血化瘀祛湿止痛汤。
（2）中药：（早）排浊速愈化湿汤50毫升，（中）补肾润肝通络汤50毫升。
（3）外用：清宫排毒丸灌肠液，三天一次，3次一疗程。
（4）药贴：活血化瘀祛湿止痛敷膏敷脐背部，每天一次（每次药敷时间在小时以上），7次一疗程。
（5）辅以针灸。

子宫腺肌症、子宫内膜癌、子宫糜烂

1 定义

现代生活方式对女性生殖健康的影响不容忽视，长期精神压力大、情绪抑郁会导致肝气郁结，饮食不节、过度劳累会损伤脾胃；熬夜、房事不节会耗伤肾精。这些因素会加重脏腑功能失调，促进子宫疾病的发生。

2 九届秘方

活血化瘀祛湿止痛汤、排浊速愈化湿汤、补肾润肝通络汤、散结逐瘀消癥攻毒汤、清宫排毒丸。

3 治疗流程

（1）排浊：以后区、腰骶部为主，排浊后常规使用活血化瘀祛湿止痛汤。
（2）中药：（早）排浊速愈化湿汤50毫升，（中）补肾润肝通络汤50毫升，子宫肉膜癌和子宫腺肌病去加50毫升散结消癥攻毒汤。
（3）外用：清宫排毒丸灌肠液，三天一次，3次一疗程。
（4）药贴：活血化瘀祛湿止痛敷膏敷小腹及腰部，每天一次（每次药敷时间在小时以上），7次一疗程。
（5）辅以针灸。

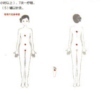

尿毒症

1 定义

尿毒症的发生源于肾脏结构的进行性和不可逆的破坏，导致肾单位无法排除体内的代谢废物和毒素，致使代谢物和毒素在体内积聚，引起各种自身中毒的症状。

2 九届秘方

活血化瘀祛湿止痛汤、排浊速愈化湿汤、心肠康养汤、补肾润肝通络汤、刚阳合和足浴保健粉。

3 治疗流程

（1）排浊：通过肾俞刮出毒素排毒，排毒后常规使用活血化瘀祛湿止痛汤。
（2）中药：（早）排浊速愈化湿汤50毫升，（中）心肠康养汤50毫升，（他）补肾润肝通络汤50毫升。
（3）药贴：使用刚阳合和足浴保健粉通过的肾汗用打开毛孔，促使额分泌毒从双肾排出。
（4）针灸：肾针、膀针、排针盘通经络。

中村达生：日本滨松初生针灸骨科创始人

中村达生，1977年出生于日本静冈县，毕业于明治针灸大学（现为明治国际医疗大学），后又毕业于行冈整复专门学校。中村达生毕业后回到滨松，任过两年医院院长，2005年开设了初生针灸骨科医院，直到现在。

日本中医针灸骨科的发展历程

中医是指中国传统医学，是中国传统文化的重要组成部分，是人类医学史上的一大瑰宝，与古印度医学、古阿拉伯医学和古藏医学并称四大世界古代医学。从传播影响来说，古代中医1 000多年前就传播到朝鲜、日本、越南、东南亚等地，到了近现代，又传播到英国、德国、美国、加拿大等欧美国家。中医传到韩国，变成所谓"韩医"；中医传到日本，称为汉方。

据说，现存最古老的医学著作《医心法》中有关于骨骼和关节的详细记载。另外，平安时代的古书中也使用了接骨、整骨、接骨博士等词，似乎在这个时代已经进行了接骨（整骨）的治疗法。由此可见，柔道康复术的历史可以追溯到距今1 000年前。

中医是什么时候用什么方式传播到日本的？

中医传播到日本的具体时间已不可考。据研究相关资料的考证和比较公认的推断，中医传播到日本主要经历了三个重要阶段。

第一个阶段是5世纪，大致相当于中国南北朝时期、日本的古坟（倭五王）时代，是经过朝鲜半岛的百济传入。这个阶段，中国南朝皇帝陆续为5位倭王（讚、珍、济、兴、武）进行册封，他们被合称为"倭五王"；而汉字和儒家经典《论语》等文化，这时已经传入日本两三百年了，日本第一部史书《日本书纪》就是用汉字写成的。

这个时代，汉文化成为朝鲜半岛的主流，中医自然普遍使用，而朝鲜使者

渡过对马海峡来到日本，用中医治愈了日本天皇的疾病，让日本人在惊喜中眼界大开。我们知道，日本民族是非常善于学习的，并且最善于向强者文化学习，并在此基础上发扬光大，变成本民族的独特文化。中医在5世纪肯定是世界上最先进的医学之一，日本很快接受了这一医学体系。这大概就是日本汉方医学的最早起源。

第二个阶段在7世纪末到9世纪末10世纪初。在长达260多年的时间中，日本天皇先后任命了19次遣唐使，其中14次成功来到唐朝。遣唐使的团队中，有大量的学问僧和学习生，中医作为人们生活的重要保障，当然也在学习之列。同时，鉴真大和尚东渡日本，带去了很多先进的中医药。从电视剧《鉴真东渡》中，我们可以看到，鉴真法师就是著名的医师。他多次给自己的徒弟和百姓治病，还在瘟疫到来时，挺身而出，治愈了很多感染者，有效地控制了瘟疫的传播。

第三个阶段在明末清初，大致相当于日本的江户时代（1603—1876年），很多优秀中医东渡日本传播中医，是日本学习中医的高峰期。这个阶段，日本医学界掀起了研究"（张）仲景医学"的浪潮，形成了学术上的"古方派"，成为汉方医学的主流，并与后世方派在学术上产生争论，客观上促进了汉方医学的发展，催生了日本传统医学"汉方医学"，日语かんぽういがく，又称为"东洋医学"。

这个阶段去日本传播中医，被载入史册的人有很多，他们中间有华侨华人、黄檗僧人、古代文人，特别是明末清初的著名中医。下面，我们简单梳理一下重要的人物事迹。

陈元赟（yūn），明万历四十八年（1620年）来到日本，起初在长崎、京都、江户等地漂泊不定，靠行医针灸和教授书法为生。明天启六年（1626年），开始寄居在江户的西久保国昌寺中，把中国的少林武功传授给寺内僧人，还有三个浪人拜他为师，因而他成为日本柔道的鼻祖。清崇德二年（1637年），武野安斋将陈元赟介绍给江户幕府御三家之一的尾张藩主德川义直，担任尾张藩主的儒官和医臣，为中医在日本的传播作出了很大贡献。

戴笠，法号独立性易，著名的治痘僧人。明天启元年（1621年），戴笠家被一场大火焚烧殆尽，他开始四处流浪，不久拜江西名医龚廷贤为师，刻苦钻研《素问》《难经》等中医经典，在继承龚廷贤医术的基础上，将痘科治疗方法推向成熟。

清顺治十年（1653年），江浙一带的反清复明势力被清朝平定，戴笠从广东番禺东渡日本，暂住同乡医生陈明德家中。明顺治十年（1654年，日本承应三年），戴笠拜访隐元大师，皈依佛门，法号独立性易。当时日本人深受痘疮（也就是天花）之苦，民间流传这样一则谚语："人生有二患，麻疹与痘疮。痘疮最惨毒，十儿九天殇。"戴笠把治痘技术传授给门下日本弟子池田嵩山和佐伯玄东等人。

池田嵩山是岩国藩主吉川氏的要臣，师承戴笠（独立性易）后，学会了特效治痘技术，家族从此传承，闻名全日本。他的曾孙池田瑞仙尤其擅长治痘术，到了德川幕府时期，医学馆开设痘科，被任命为教授，传授太爷爷师从中国僧人学到的医术。佐伯玄东也深得戴笠医术精髓，子孙后代相传行医。

陈明德，17世纪流寓日本，医术高超，尤其擅长小儿科，在长崎人的挽留下，最终加入长崎籍行医，著有《心医录》一书，流传至今。

王宁宇，号五云子，原籍山西太原，东渡日本后，在长崎行医，后开设医馆，并教授医书，将明朝流行的药剂包装手法传入日本，极大地推动了日本医药学的发展。

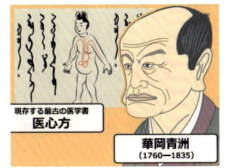

北山道长（马寿安），号友松。他的父亲马荣宇于明天启七年（1627年）入籍日本，他本人跟随父亲来到日本，后来在大阪开业行医。北山友松学术富瞻，颇有声誉，被誉为"旷世之才"。他授闽医之传，善得法外之法。故治术别开生面，触手生春之妙矣。

北山友松擅长象胥（翻译学说），又融通儒、释、道三教，并从中领会、学习仲景奥旨；还师从戴曼公，从而深得《内经》《本草》精蕴。既而又说皇朝医风不可不研，乃师从小仓医员，就是原庵冈本玄治高弟，终成其大业。留下《北山医案》等10余部医学著作。

《北山医案》是北山友松平生治病的部分记录。本书对各医案记述全面，脉证俱详，进行综合分析研究后，对诊疗过程中的治病思路，以及所涉及的《内经》《难经》《本草》等著作作了相关论述，将经典的论述作为辨证论治的指导方针，又用实践疗效来反证经典的权威性和正确性，二者相辅相成，相得益彰。

江户中期还引进了西方医学的包扎法。江户末期中医、骨科医生等活跃起来，切骨术非常盛行。华冈青洲因发现全身麻醉药和乳腺癌手术而闻名，与一般医学并行，还教授切骨术（整骨术），为中医的发展作出了贡献。

在接骨院（整骨院）进行手术的人，都是拥有柔道整复师国家资格的技术人员。讲述接骨院（整骨院）的历史，也是讲述这个柔道整复师资格的历程。从这个名字可以看出，柔道整复的根源在于武道的柔术。在战国乱世的时代，武道有杀法和活法，把对这两法极致的人称为大师。杀法，更不用说打倒对方的手段，也就是武术。活法是作为处理骨折、脱臼等的护理，治疗、练习中发生的事故等方法而产生、发展起来的。后来，杀法作为武术运动，而活法作为医疗的一部分柔道整复术一直流传到今天。

从医制（医疗制度）改革推进的清同治十三年（1874年，日本明治七年）开始，柔道整复术的苦难之路开始。清宣统三年（1911年，日本明治四十四年），针灸、按摩虽然被公认营业，但只有骨刺术没有被公认。在此背景下，从1912年（日本大正元年）起，切骨术（整骨术）的公认运动开始兴起。1920年（日本大正九年），由于现在的社团法人日本柔道整复师会的前身柔道接骨术公认期成会的努力，内务省令的按摩术营业取缔规制的修订，确定了柔道整复师的身份。1932年（日本昭和七年），日本第一所以培养柔道整复师为目的的学校也诞生了。

日本昭和时期，经历了战争、占领下的压力等各种苦难。1970年（日本昭和四十五年），《柔道康复师法》颁布。1991年（日本平成三年），从日本柔道整复师会中独立出学术部门，成立了日本柔道整复接骨医学会。作为学术团体的活动开始了。1993年（日本平成五年），柔道整复师作为国家资格被法治化，与整容、脊椎按摩、疗术等有明确区分。这一法治化使得原本只被视为民间疗法的柔道整复术被公认为医疗领域之一。

当代日本针灸康复应用现状

在日本，接骨院（整骨院）都是有国家资格的柔道整复师进行治疗的地方。柔道治疗师是针对骨折、脱臼、挫伤等进行治疗的专家，拥有使用健康保险的开业权，同时也活跃在整形外科的康复、体育设施、护理设施等。因为没有执照，所以不是医生。因此，接骨院（整骨院）不同于所有诊疗（部分例外）都可以使用健康保险的医院（保健医疗机构）。

柔道整形师的专业是针对骨折。脱臼、扭伤进行整形。挫伤（肉体分离）

急性期，需在受伤后2—3天进行RICE处理［急救所需的4个处理，即rest（静止）、ice（冰）、compression（压迫）和elevation（提升）］。当伤口或炎症消退时，会发热，此时，可用手技进行运动疗法。与医院一样，也可以使用健康保险，但如果是没有发现原因的慢性疼痛（疲劳、疲劳感等），就不适用健康保险。

在接骨院（整骨院）中，柔道整复师会进行骨折、按摩等"治疗"。有时会为患部加热或使用带按摩目的的设备，但由于不能进行法律规定的"医疗行为"，因此，在接骨院（整骨院）接受骨折或脱臼的治疗时，除非得到医生的同意，否则只能提供急救。整复是指将骨折或脱臼的部分恢复到原来的正常位置，但由于不是医生，因此，手术注射、服药不能做X射线等。

中村达生一直抱有想做对他人有帮助的工作的想法。在考虑与他人接触、使人健康的职业时就遇到了针灸整骨。中村达生认为中医的精彩之处在于对整个流程进行诊断。西医一般只会检查包括器官和肌肉在内的各部分的好坏，而中医，特别是在日本的东方医学，则会判断经脉和经络、经穴的好坏。患者在

出现内伤病（神经痛、内脏疾病、妇科系）症状时，医生将中药处方作为治疗药物的选择。

从常见的超市、便利店到大医院，在日本的任何地方都能买到中药。在出现头痛、压力、疲劳等一般药物不起作用的症状时，开中药的情况很多。在日本，中医被认为是药事的一部分。一般的新药可能会产生副作用，这时就会开处方中药来弥补它。有时为了抑制特应性等瘙痒，使皮肤正常化，也会开中药的处方。

基因信息等生物技术领域的发展使这个行业开发出先进的新药物。中医绝对不只是过去用过的东西，也不断有新的中药产生，中医在人们健康不经意的地方发挥着万能的作用。例如，葛根汤就是很棒的中药。用于感冒的初期症状，在日本用该药的人非常多。这个葛根汤，中村达生在疲惫时也会服用。葛根汤最有效的效果就是从内在温暖身体，身体有"扑通一声"变暖的感觉，能

诱人一直到熟睡。第二天早上起床后感觉身体都很爽快。这就是中药的魅力，中村达生认为令人感兴趣的是中医更贴近个人的存在。

中村达生认为，无论在日本，还是东西方，中医学的治疗价值都会不断被挖掘与发展。针灸、西外科、整形外科，无论哪个领域都将会出现更多抗衰老的中医应用技术。

💚 **主编心语**

中医传播到日本1 000多年，逐渐成为具有日本特色的汉方医学かんぽういがく。汉方与中医同根同源，同根异枝。在江户时期，中医日本改良的"汉方医学"、来自荷兰的欧洲"兰方医学"三足鼎立，各有千秋。汉方医学以《伤寒论》《金匮要略》为经典，发挥了中医治疗疾病的传统优势，庇佑着日本人民的生命健康。

日本非常重视古籍的传承，汉方医学典籍的藏书量仅次于中国，还有20多家汉方医籍翻译和出版机构，每年出版汉方书籍100多种；同时，日本还关注中国的有关中医药信息和出版物，以便及时为己所用。

赞日本滨松初生针灸骨科创始人中村达生

明治针科毕业身，柔道康复接骨真。

汉方传入千年久，庇佑东瀛万民春。

刘凤斌：擅治萎缩性胃炎的肠胃病专家

刘凤斌，医学博士，广州中医药大学第一附属医院脾胃病科擅治萎缩性胃炎的肠胃病专家。小时候，刘凤斌身体不是太好，属于那种体弱多病的孩子。家里的父母也是身体不太好，小时候在农村，老百姓基本上都是用中医药来治病的，因此，刘凤斌考大学时填报的志愿全部是学医的，最后考上了河南中医药大学医疗系，后来又到广州中医药大学读了硕士和博士。

立志当一名好医生

上大学后，刘凤斌深信中药能够很好地治疗疾病，这种坚信激发了他学习中医的兴趣。大学期间，刘凤斌自己脸上长了一个小脓包，当时在学校保健科开的药是消炎药，吃了效果不好，脓包越来越大。复诊时，保健科的老师说："你去西医院做手术吧，把它切开引流，可能会好得快一些。"因此，刘凤斌就到郑州市的一家医院做了切开引流，切开后不仅没有消肿，反而整个半边脸肿得像猪头一样，成了"阴阳脸"状态。因为没有发烧，所以刘凤斌当时还是继续上课。刘凤斌记得非常清楚，那时候他的一位老师张教授，教的课程是内经。课间休息的时候，刘凤斌找到张教授，说："老师，您能不能帮我开个药，您看我这脸肿得很厉害。"张教授问诊后给刘凤斌开了三剂中药方子，刘凤斌下课后又到学校保健科去拿药。当天晚上吃了一剂后，药物在肚子里面咕噜噜地辗转反侧，第二天早晨，面部肿胀完全消了。

这一次生病，让刘凤斌亲身体会到中医药的魅力与震撼，体验到中医药真的可以治重病、大病、难病、急性病。随后，一个个非常典型的案例激发了刘凤斌对学习中医的兴趣，并立志将来要当一名好医生，更要当一名"妙手回春"的好医生。

刘凤斌学习中医还有一个动力就是自己的父亲身体不好，患有严重的胃病、胃下垂，还有慢性肺气肿、哮喘、肺结核等。一到冬天，其哮喘发作得很厉害，家人长期目睹其天天吃药打针。为此，刘凤斌决定找在大学读书期间的上课老师帮父亲治病。刘凤斌带着父亲从老家到郑州找到了石老师，那时候，石老师既是一位内经老师，也是一位非常有名的临

床专家。当时，石老师开了两个方子：一个用于治疗哮喘发作期，另一个用于治疗哮喘缓解期。也就是说，吃第一个方子后哮喘缓解了，再吃第二个方子以便巩固疗效。石老师对其父亲说："每年秋冬转季的时候，你把这个缓解期的方子吃2—3周，可以预防你的哮喘发作。"刘凤斌的父亲按照石老师的方案治疗以后，没有再去住过医院，十几年基本上没有再去吃药打针，而且身体的健康状态也非常好。中医这种神奇的疗效，成了激励刘凤斌立志成为一位好医生的巨大动力。其立志要成为像老师一样拥有高超的医术，妙手回生、妙药回春，能帮助患者解决疾苦的一个好医生。

进入工作岗位以后，刘凤斌长期致力于慢性萎缩性胃炎诊疗。慢性萎缩性胃炎，常常是慢性胃炎没有得到及时、正确的治疗，逐步向慢性萎缩性胃炎伴或不伴肠上皮化生—上皮内瘤变—胃癌转化的。由于慢性萎缩性胃炎伴肠上皮化生甚至伴有上皮内瘤变，有一定的风险转化为胃癌，因此，一旦诊断出该病，就会给患者造成巨大的心理负担，严重影响患者的生存质量。刘凤斌长期坚持开展阻断"慢性胃炎—萎缩—肠上皮化生—上皮内瘤变"发展的研究，帮助很多人治愈了难治性胃病问题。实际上，导致这种"胃炎—萎缩—肠上皮化生—上皮内瘤变"转化的元凶就是幽门螺杆菌感染，这种细菌感染导致了胃黏膜局部的炎症反应不断发生与发展，因此，查明原因进行预防非常重要。

🌿 萎缩性胃炎、肠胃病健康常识

在刘凤斌看来，慢性萎缩性胃炎的发生与发展是一个渐进的过程。除幽门螺杆菌感染之外，情绪紧张、焦虑、抑郁，饮食不节制，服用一些损伤胃的药物等，也是导致胃病的重要原因。随着现代社会人们生活节奏加快，郁闷、焦虑、工作压力等导致肝气郁

结、横逆犯胃，出现肝胃不和、肝胃郁热、肝郁气滞、肝脾不调以及气滞血瘀等，从而出现一系列脾胃问题。现代人生活水平提高了，常常因作息不规律、饮食不节制而暴饮暴食、偏食，如贪吃冰冻饮料、煎炸烧烤油腻香口的食物、无规律进食等，或损伤脾胃导致脾胃虚弱，或湿热痰浊停聚中焦脾胃，或寒热错杂、虚实夹杂等。长期进食损伤胃黏膜的药物，如阿司匹林，也是导致损伤脾胃脉络，出现萎缩肠化的重要原因之一。此外，还有一种情况，有些患者讳疾忌医，长期不到医院体检、检查或不愿用药治疗等，酿成重症。

20世纪80年代，刘凤斌的老师团队就针对这种病开展了系统、深入的研究，应用中医药阻断或逆转这种"炎癌"转化性病变，使患者完全恢复到未患病前的一种状态。刘凤斌在传承老师团队研究成果的基础上，进一步挖掘、整理了该病的病因病机，并提出"虚、滞、痰、瘀、结、毒"的病机理论。中医讲的是辨证论治，刘凤斌提出一个叫精准辨证、精准治疗的方针。刘凤斌认为，只有认识清楚患者的病因病机"脾虚、痰湿、湿热、气滞、血瘀、热毒"等，才能制定出精准的"健脾、理气、活血、散结、通络、化痰、解毒"等治疗原则，取得良好的疗效。

81

✺ 对年轻人的健康小建议

饮料是影响中国人身体健康状况的隐形杀手（指对青少年）。青少年、年轻人长期过度饮用高糖饮料，易出现高尿酸、痛风、肥胖、代谢综合征（肥胖加三高，有的出现四高），进入慢性病。因此，应重视饮料的营养健康，不要过度饮用含有各种添加剂、各种果糖过高的饮料；要从娃娃抓起，不能让不健康的饮料抢占或奠定孩子们的味蕾。

现在的年轻人吃东西，如奶茶、冰冻饮料、雪糕等，甚至一些年轻人特别喜欢吃夜宵、煎炸鸡块、烧烤、烤羊肉串等，不注重健康。刘凤斌介绍，在门诊就碰到过一天吃了6个雪糕来看胃痛的患者。这种病状就是中医上讲的寒湿或寒邪堆积在胃里了，就出现胃疼。当代人常常习惯打开冰箱就喝冰冻饮料，天气热，可以理解，但是天天喝的话，人体的阳气会受损，就会发胃病。因此，建议尽量少吃或不吃煎烤的食物，如炸花生、炸油条等。因为它们属于热毒，热毒吃多了，就会积热在胃里而发热病，所以日常生活中要避免暴饮暴食，做到定时、定餐和定量饮食。

还有一个就是尽量不要熬夜。现在学生的学习压力大，经常写作业熬到夜晚11点，不仅会造成心理问题，也会影响到肠胃的功能。从健康角度看，肠胃是人的情绪的"晴雨表"，保持良好的心态，把控好自己的情绪，才会有好肠胃。因此，人要有点阿Q精神，让自己快乐起来。在诊疗过程中，刘凤斌经常提示患者，要调理好情绪，并教他们把压力转化为动力的正向思维。

主编心语

在对话刘凤斌时，刘凤斌强调，当代人要注意"情志"管理，脾胃是后天之根本，脾胃寒湿是百病之源。大医重在预防，保持健康、快乐的心态，保持感恩、感谢，保持对生命的热情与热爱，可以让人减少疾病。

赞擅治萎缩性胃炎的肠胃病专家刘凤斌

杏林才子刘凤斌，博士中医誉满门。

善治萎胃除病痛，父疾得愈念深恩。

痰瘀热毒研机理，健脾理气传芳芬。

情重脾胃后天本，健康生活在斯存。

刘安平：中西医探索治疗白血病"破解之道"的血液病专家

刘安平，内科专业教授、主任医师，血液科副主任，医学博士，全国瘀血证专业委员会委员，中国中西医结合学会血液病和活血祛瘀专业委员会委员，广东省疑难病专业委员会常委，广东省中西医结合学会血液病专业委员会委员，广东省青年中西医结合专业委员会常委。

从小向往"白大褂"

刘安平出生于湖北省一个农村家庭，小的时候农村缺医少药。刘安平小的时候看到那些解除病人痛苦、具有神秘医术的大夫们，仿佛对"白大褂"有一种神秘的向往，立志好好学习，将来要么穿白大褂当医生，要么当老师，心里有着一个朦胧景象。

在考大学时，亲戚们都说做医生好，这更坚定刘安平内心做医生的信念。1978—1983年毕业于湖北中医学院（今湖北中医药大学），获医学学士学位。1986—1989年毕业于广州中医学院，获医学硕士学位。1993—1996年毕业于广州中医药大学，获医学博士学位。从大学毕业迄今，刘安平主要从事中医、中西医结合临床、教学和科研工作，有较丰富的临床经验和理论水平，是中医、中西医结合领域较早的医学博士之一，对中医、中西医结合治疗白血病、再生障碍性贫血、骨髓增生异常综合征、真性红细胞增多症、多发性骨髓瘤、恶性淋巴瘤、上消化道出血、特发性血小板减少性紫癜，以及肝炎等内科杂病有较好疗效。

科研方面，刘安平先后主持和参与国家中医药管理局、广东省科委、广东省自然科学基金和广州中医药大学等级别的科研课题。有关科研成果分别获得国家中医药管理局、广东省科委和广州中医药大学等级别的科研成果奖。主要科研论文有《919糖浆治疗慢性乙型肝炎的临床研究》《紫癜灵治疗慢性ITP的临床及实验研究》《中医药在心肺脑复苏中的应用》《危机与对策——中医教育改革方略》《中医、传统及其他》《从概念疏理到理论重建》《心肺脑复苏新进展》《中医药理论的现代语言转型——中医药学术语言的规范化探讨》

《社会发展与儿童心理问题》《几首常用清热方的药物及功效比较》《中国医学之生命观》《邓铁涛教授的学术精神与文化渊源》等。参与编写的著作主要包括《中西医结合急症治疗手册》《中西医结合血液病治疗学》《慢性肠炎的调养》等。

血液系统疾病是内科系统最为复杂的疾病

血液系统疾病是所有内科系统疾病中最为复杂的一类疾病，病种多，覆盖面广，临床表现扑朔迷离。无论是其形成的原因，或是发生的病理机制，都异常复杂。从相对"宏观"的生物、物理因素深入到微观的细胞、分子水平；从基因遗传到后天获得性因素，几乎无所不包。其临床表现和病理分类更是错综复杂、变化多端。血液系统疾病通常不属于常见多发病，有的更属于少见乃至罕见性疾病。别说普通民众对其多数闻所未闻，纵使是非血液专科的医生和专业人士，也对血液系统疾病的认识一知半解或知之甚少。因而，在临床上，某一类或几类血液系统疾病，在早期或中期，容易被误诊为其他系统或其他专科疾病，导致治疗失败甚或贻误病情，甚者导致严重的不良后果。比如，早期多发性骨髓瘤被误诊为慢性肾炎，骨髓瘤导致病理性骨折被误诊为创伤性骨折，免疫性血小板减少症或再生障碍性贫血合并月经过多，被误诊为妇科疾病。

白血病预防与健康管理

刘安平认为，多发性骨髓瘤的病因还不明确，但大致包括化学因素（如苯中毒）、物理因素（如辐射）、生物因素（如病毒感染）和遗传因素等几个方面。下面提到的几类人群应特别注意：①主要高发于50岁以上的中老年人，发病率随年龄的增长而增高，不过也有年轻人，但90%的患者还是在50岁以上，而且男性多于女性。②从事化工、模具生产、建筑施工等行业，或在发电厂、变电站、雷达站等地点工作的人群，长期暴露在不良的化学、物理因素的刺激下。③接触病毒或其他生物性因素等。这些均可能导致基因突变，进而引发肿瘤。

白血病大体上主要来自三个方面：一是环境层面，如化学辐射、第二次世界大战美国在日本投放原子弹后，当地居民中白血病患者增多，儿童畸形增多主要是核辐射作用导致细胞发生了癌变。还有生活环境层，如含有甲醛的装饰材料等。二是基因层面，如遗传性血液病、骨髓瘤、淋巴癌等。三是不健康的饮食，如油炸、辣条、煎炸果条、过度饮食珍珠奶茶导致肥胖、血糖增高、糖尿病等。

现代青少年缺少运动，不爱运动，特别是爱喝饮料，健康状况令人担忧。饮料，特别是饮料配方对人类健康的影响，中国人没有引起重视。现在的饮料是中国人身体状况健康的隐形杀手（指对青少年），饮料里存在的工业化工生产的果糖是害人之马，导致青少年、年轻人出现高尿酸、痛风、肥胖、代谢综合征（肥胖加三高、有的出现四高），进入慢性病。中国人应重视营养健康，注意不要过度饮用含有各种添加剂、各种果糖过高的饮料。现在，世界上许多疾病与饮料相关，因此，要从娃娃抓起，不能让不健康的饮料抢占或奠定我们孩子的味蕾。

血液疾病的临床表现

血栓可以发生在身体的任何部位，甚至可以引起全身性的弥漫性血管内凝血。血栓常发生的部位是动脉或静脉。生理性血栓形成多发生在血管外，是对创伤的止血反应，是保护性机制。病理性血栓形成多发生在血管内，造成组织缺血或瘀血，引起血管事件，甚至血管性死亡。血栓栓塞性疾病主要包括动脉粥样血栓形成、静脉血栓栓塞和外周动脉栓塞。

动脉血栓形成主要累及心血管、脑血管和外周动脉血管。这些部位的血栓形成，多数是在动脉粥样硬化斑块破裂的基础上形成的，即血管内壁的损伤导致血栓形成，严重的时候会导致心肌梗死、脑梗死和急性下肢缺血坏死等。因此，动脉粥样血栓形成就是在动脉粥样硬化的基础上，斑块破裂和血栓形成，导致血管事件，甚至血管性死亡的过程。通常，动脉粥样硬化属于数十年的病变过程，而斑块破裂则是瞬间的事情，血栓形成只有十几秒，导致的是致死和致残的血管事件。没有血栓就没有事件。

动脉粥样血栓形成分为闭塞性和非闭塞性两大类：闭塞性导致心肌梗死、脑梗死，以及急性下肢缺血、坏死或坏疽。非闭塞性又分为稳定性和不稳定性两类。稳定性是未破裂固定狭窄斑块导致的发作性缺血性临床表现，包括稳定性心绞痛、慢性缺血性脑病（如血管性痴呆、立位头晕等）和下肢间歇跛行等。不稳定性存在斑块破裂和血栓形成，但血管的血流未中断，包括非ST段提高的急性冠状动脉综合征、短暂脑缺血发作、下肢间歇跛行和休息痛。

中医治疗血液系统疾病的继承与挖掘

中医好，还是西医好，在医学界及坊间一直是一个有争论的话题。刘安平

认为，中西医结合效果更好，集合了两个方面的优势，取长补短。

（一）西医诊断诊断要点

血栓栓塞性疾病的诊断主要基于既往有高血压、高脂血症、糖尿病或骨髓增殖性疾病（真性红细胞增多症、原发性血小板增多症）、静脉曲张等病史的查体和辅助检查，如血液分析、凝血功能、凝血因子、心电图、心脏肌钙蛋白、脑CT检查、血管超声、血管造影等。

症状方面，主要是血管栓塞所引起的局部疼痛，相应脏器的功能失常，如心悸、胸闷、头晕头痛、神志改变、手足乏力，以至偏瘫，下肢动、静脉血栓导致的患肢疼痛，肿胀，发热或发凉，局部肤色改变，点状或斑片状出血灶。

（二）中医诊断辨病与辨证要点

中医诊断主要依据患者的既往病史、临床表现和舌象脉象等。其临床表现依瘀血发生的部位不同而出现不同的临床症状。一般发生的部位会有程度不同的疼痛固定不移，或头痛，或肢体其他部位的疼痛，严重者可以引起肢体局部的水肿、青紫；瘀血阻于脑窍，还会出现头晕目眩、肢软乏力，乃至偏瘫、言语不清或蹇涩，甚至失语、神志不清；瘀血阻于胸部，则出现胸闷、胸痛、心悸、脉结代。瘀血证的舌象脉象主要是舌质紫暗或瘀斑瘀点，脉搏细涩。同时，中医诊断与辨证必须结合实验室与血管的有关检查手段。

中医治疗与辨证论治

通过中医辨证论治，从活血化瘀、行气补气等法入手，可获得较好疗效。一如王清任在《医林改错》中所言："治病之要诀，在于明气血。气有虚实，血有亏瘀。"因而宜灵活辨证。

1. 气滞血瘀

主症：肢体局部疼痛，或头痛头晕、肢软乏力、言语不清、神志模糊；或胸闷、心悸、气促；皮肤出现青紫斑点或斑块；伴有舌质紫暗或瘀斑瘀点，苔薄白或薄黄，脉弦涩。

分析：气滞血瘀，血脉运行不畅，不通则痛，故局部出现疼痛，若瘀阻到脑窍，则肢软乏力、言语不清、神志模糊；若瘀阻心脉，则胸闷、心悸、气促；若瘀阻到四肢血脉，则皮肤出现紫红或青紫斑块。舌质紫暗或瘀斑瘀点，脉弦涩，皆为气滞血瘀之象。

治法：行气活血，化瘀止痛

方药：血府逐瘀汤（《医林改错》）。方中当归、川芎、桃仁、红花、赤芍均为活血化瘀的主药，具有通窍活血、化瘀止痛的作用。枳壳、桔梗、柴胡行气。牛膝引血归经。甘草调和诸药。

加减：瘀血较甚，酌加丹参、莪术、五灵脂、姜黄、蒲黄、泽兰等。

2. 气虚血瘀

主症：肢体麻木不仁，手足软弱无力，或半身不遂，言语不清，气短懒言，面色苍白或紫暗，皮肤紫暗或见瘀斑瘀点；伴有舌质紫暗或瘀斑瘀点，苔薄白，脉细涩。

分析：气虚血瘀，血液运行无力，四肢缺乏血液的濡养温煦，故见肢体麻木不仁，手足软弱无力，或半身不遂。若瘀血停滞于脑窍脉络，则出现半身不遂，言语不清。若气短懒言，面色苍白或紫暗，则为气虚血弱之象。皮肤紫暗或见瘀斑瘀点，舌质紫暗或瘀斑瘀点，脉细涩，均为气虚血瘀之表征。

方药：补阳还五汤（《医林改错》）。方中黄芪补气，当归尾、川芎、桃仁、红花、赤芍、地龙，活血化瘀。

加减：气虚明显，可加党参或人参；瘀血明显，酌加丹参、莪术、姜黄、蒲黄或虫类药土鳖虫、僵蚕、全虫、血竭等。

3. 寒凝血脉

主症：肢体或其他部位疼痛明显，得温则减，遇冷加剧，疼痛拘急，固定不移。手足发凉，怕冷，小便清长，大便稀溏。舌质紫暗或淡胖，苔白滑，脉沉涩或沉紧。

分析：寒为阴邪，其性凝滞收敛，耗伤阳气，导致血脉瘀阻，肢体或其他部位疼痛明显；得温则减，遇冷加剧，疼痛拘急，固定不移，皆为寒凝血脉的特点。寒邪伤阳，血脉得不到温煦，故手足发凉，怕冷。小便清长，大便稀溏，为寒邪伤阳所致。舌质紫暗或淡胖，苔白滑，脉沉涩或沉紧，俱为寒邪伤阳，血液凝滞之征象。

治法：温阳驱寒，活血化瘀。

方药：参附汤（《妇人良方》）合桃红四物汤（《医宗金鉴》）。方中人参、熟附子、生姜、大枣，益气温阳，以驱阴寒；桃仁、红花、当归、赤芍、川芎、熟地黄，活血化瘀。

加减：寒邪甚者，酌加肉桂、吴茱萸、淫羊藿、菟丝子；瘀血明显者，可加丹参、莪术、延胡索等。

4. 痰瘀互结

主症：除局部，如肢体、头部或胸胁处疼痛之外，病人多肥胖，伴有胸闷、脘痞，面白，手足不温，嗜睡等症状。舌质暗或胖嫩，舌苔白滑或厚腻，脉弦滑。

分析：痰邪既是病理产物，也是致病因素。痰邪停于体内，阻遏阳气，可进而导致气血运行不畅，出现瘀血。阻于肢体，则肢体疼痛；留于脑窍，则头痛；停于胸胁，则胸胁疼痛、胸闷脘痞。一般肥人多痰，故此型患者多肥胖。痰湿阻遏阳气之运行，温煦不力，则面白、手足不温、嗜睡。舌质暗或胖嫩，苔白滑或厚腻，脉弦滑，俱为痰湿阻络所致。

治法：温化痰饮，活血化瘀。

方药：二陈汤（《太平惠民和剂局方》）合桃仁红花煎（《素庵医案》）。方中半夏、陈皮、茯苓、炙甘草，化痰行气；丹参、桃仁、红花、香附、延胡索、青皮、当归、川芎、生地，行气活血，宁血补虚。

加减：痰湿重者，酌加瓜蒌、竹茹；血脉不通者，可加桂枝、薤白、三七、檀香等。

（一）常用中成药

1. 复方丹参滴丸

民间验方加工而成，主要由丹参、川芎、桃仁、红花等药物组成，具有活血化瘀、行气止痛的功效，广泛用于治疗和预防各种血栓血管性疾病。制作精良，携带服用方便。具有疗效可靠、副作用小的特点。

2. 血府逐瘀丸

血府逐瘀汤的丸剂，可用于治疗和预防各种血栓血管性疾病和骨髓增殖性疾病。

（二）中医病因病机

中医论瘀血证的病因病机主要包括四个方面：

1. 气滞血瘀

中医理论认为："气为血之帅，血为气之母。"血的正常运行有赖于气的推动和维护，一旦一身之气因为六淫或七情等致病因素的作用而导致气的推动统摄功能失常，就会引起气滞血瘀，从而出现瘀血证。

2. 气虚血瘀

气和血的关系密切。如果因先天因素或后天因素而导致气弱无力推动血液的正常运行，就会引起气虚血瘀的发生，进而成为瘀血证。比如，素体脾胃虚

88

弱之人，本来脾胃虚弱，不足以化气行血。

3. 寒凝血脉

寒为阴邪，其性收引。血在脉中运行，需要靠气的推动温煦，才能正常运行。如果寒邪外侵或阳虚生内寒，就会导致脉络瘀阻，进而发生瘀血之证。

4. 痰瘀互结

痰为津液凝聚而成，故痰既是病理产物，亦为致病因素。如果痰液聚集于体内阻塞脉道，就会影响血液的正常运行，日久形成痰瘀互结，渐成淤血之症。

瘀血可以发生在人体任何部位，凡是有血液流动的地方，都有可能发生血脉瘀阻，形成瘀血之证，如四肢、脑窍、五脏（尤以心脏为最多，其次为肺、肝、脾、肾）。

附件：

四十年习医从医点滴心悟

"吾十有五而志于学。"我从1978年秋季入读中医院校医疗系本科，屈指算来已历46个寒暑，职业生涯和人生旅程也日渐走进暮年。回首这46年的习医从医经历，可谓辛酸苦辣五味杂陈，成功得失转瞬即成过眼云烟。"吾生也有涯，而知也无涯。"风雨兼程人生60余年，对所从事的专业如同自己的人生旅程一样，总有自己独特的体认与感悟，虽不能说是金玉良言，但也确是言为心声，愿对后学有所启悟警醒。

很幸运，与我的求学经历和职业生涯相伴随的是以市场为导向、以效益为目标、以制度的人性化变革为指归的中国社会全方位、多层面的综合改革，也已走过了短暂而艰难的46年。近半个世纪过去了，随着改革从农村推向城市，由经济领域引入政治领域，再由单一的体制物质层面拓展到人的观念、文化、心理层面，中国的改革工程已进入一个全面启动阶段。今天，当我们回首走过的路，中国的经济、政治、文化及普通百姓的日常生活众多领域、各个层面，确实发生了翻天覆地的变化。

与46年改革后经济、政治、文化领域的巨变相比，教育（此处主要指高等教育，尤其是医学教育，或者更准确地说是中医教育）的改革与变化是明显滞后的。或许是由于教育本身所固有的传承和维系既往文化与价值观念的传统职能，因此，具有一种内在的"保守性"和迟发反应，教育体系的变革通常落后于社会的整体变革。因为教育需要雄厚的文化积累作为支点，而文化积淀到一定时候，就会变成一种强大的惰性力量，阻碍新文化与新思想的诞

生。我们称这种现象为教育的"滞后效应"。不过，教育体系作为社会大系统的一个子系统，不可能长期孤立于社会大系统之外。近年来，随着改革的逐渐深入，几十年一贯的以培养和选拔人才为基本职能的高等教育体系的缺陷，已愈来愈显得捉襟见肘。本科生、研究生毕业后就业形势的陡然严峻，更将这种教育体制的弊端暴露无遗。无论是在官方，还是在民间，大批有识之士已认识到教育改革的重要性和迫切性。可以毫不夸张地说，教育改革的成败关系到中华民族复兴大业能否获得成功，因为教育事关人才的培养。在所有资源中，人才是最有价值的资源。教育改革的开始，也把中医教育改革提到了议事日程。

"道可道，非常道；名可名，非常名。""大音希声，大象无形。"中医理论体系不仅古朴驳杂，更是模糊繁复、流动玄妙。其研习与传承，规律难寻，以致今日中医之薪火日渐式微，颇似前有古人，后无来者之感。中医从传统的家传和师承到现代大学教育，无疑是一个进步，对中医的传承起到了巨大的推动作用。但现在的教学也暴露了不少问题。大学前四年基本上是"纸上谈兵"，而且以应试为目的，最后一年实习往往是以西医为主，因为西医是建立在实验科学基础上，可谓是"常道""常名"，外科看得见、摸得着，内科诊断明、机理清，不但容易理解，而且容易掌握，自然而然地吸引了学生的注意力，也就分散了学习中医的兴趣。脱离了临床实践的中医教育，不但抽象，而且枯燥，也就没有了生气。

迄今仍清晰记得，46年前，我们班的同学在上解剖课的时候，老师的讲解很精彩。课间休息，一群同学就凑上去问个不停，其中问得最多的一个问题就是，到底是中医好，还是西医好。这位老师非常聪明，回答说："中医好，西医也好，中西医结合最好！"老师的这个回答一直是我遵循的行医启示，也是我在日后30余年的临床教学生涯中，屡次讲给几代学生听的故事。这就是薪火相传的现实含义。就像今天中国的乒乓球技术独步天下的秘诀，很重要的一个技术改良与提升，就是从过去传统的直拍单一的近台正手快攻，逐步进化为直板横拉，到直板与横板的有机结合，再到中远台对攻技术的掌握，最后才将整个乒乓球攻防技术提升了一大步，造就了今日中国乒乓球技术的突飞猛进。我想，今日与将来中医的发展，也离不开这样的技术创新与提升。回到中西医临床与理论的创新和提高，中国第一位诺贝尔生理学或医学奖获得者屠呦呦的故事，就清晰展示了这样的方向。真正获得海内外同行认可的一个重大突破，就是张亭栋先生率先发现的用砷剂（砒霜和雄黄）治疗急性早幼粒细胞白血病获得巨大成功。这两个典型案例的主导者，一位是学西药出身，中年学过中医药理论的屠呦呦教授；另一位则是先学西医并从事西医临床工作多年，积累了丰富的临床经验，然后中年学习中医理论，并开始尝试使用中药治疗癌症，最后从东北民间验方开始，从临床和实验两个方面拆方研究，终于发现砒霜对急性早幼粒细胞白血病和其他肿瘤的治疗作用。关于我迄今从事的血液病专业，至今想来也是其来有自，或许冥冥之中，似有天定。本科实习的时候，带教我的一位美女老师邱绮玉当初就是血液病专业的，而且也是早期西医毕业后再学习中医的，并在中医附院从事临床工作的专家。这位老师对我一生的职业选择，有一种神秘的影响，我至今怀念她。她是我血液病的专业启蒙导师和人生导师。40年前的血液病无论是理论系统和临床疗效，与今日的理论系统和临床疗效，还有学科地位、学术前沿，没法同日而语。今日血液学专业无论理论系统还是临床研究所取得的突飞猛进里程碑式的进展，颇似中国乒乓球技术创新和独行天下的国际乒坛地位。因此，我最终选择血液病作为自己平生志业和安身立命之所，与最初遇到一位自己喜欢的老师有莫大关系。这是第一"推动力"。我在兜兜转转10年之后的1993年，于硕士毕业并从事临床工作累积7年后终于选定血液学作为自己的博士研究生专业方向，更神奇的是我的博士导师还是邱氏传人。前后10年，两位不同时期的邱老师，成了我一生学术志业的引领者和导航人。何其幸哉！何其巧耶！

在近代科学史上，不少科学家都在探索宇宙中引力、电磁力、强作用与弱作用四种作用力的统一，爱因斯坦生前致力于电磁力与引力的统一，当时明显因条件不够而收效甚微，此后多年美国物理学家格拉肖等才提出了弱作用与电磁力的统一模型，不但解释了已知的许多基本规律，也得到了实验的证实，因此而获得了诺贝尔奖。与此相似，我相信，中医与西医只是对生命认识的不同层面，随着科学的进步，最终中西医是会找到统一性的。

中医学先是一种技能，然后是一种文化。立志岐黄，"上以疗君亲之疾，下以救贫贱之厄，中以保身长全，以养其身。"亦如华岫云在《临证指南医案》序里所说："古人有三不朽之事，为立德、立功、立言也。盖名虽为三，而理实一贯。要之，惟求有济于民生而已。"作为中医文化的传承者，我们就更应将这种优秀的物质与精神文明发扬下去。庶可共相策勉云尔。

> 荆江汉水贯神州，谁启生涯第一秋。
>
> 离别筵前杯中酒，迎新湖上柳同舟。

纵回前世千金笑，终剩高庄万古愁。

红豆劫灰心尚在，白云山下寄悠悠。

主编心语

　　白血病是世界卫生事业的诊疗难题。刘安平经过几十年深度探索研究，积累了大量经验，提出了三个层面的预防：一是环境层面；二是基因层面；三是健康饮食方面。关于这三个层面，政府及人们要建立环境污染物识别教育意识，有必要建立家族基因溯源意识，重塑正确、健康的生活方式，重塑正确的诊疗价值观，重塑正确的信念与价值观，重塑中医传承精神。

　　赞中西医探索治疗白血病"破解之道"的血液病专家刘安平

白袍初志守岐黄，血海悬壶四七霜。

三界洞明凝血厄，金针先破九秋霜。

非遗传承篇

王月会：开心正骨传承人

王月会，山东省泰安市东平县非物质文化遗产"开心正骨"传承人。

开心正骨至今已100多年，王月会是第七代传承人。对于身体上的各种疼痛，开心正骨通过望诊、手感诊断、手法治疗，不需要任何医疗设施及器械，便可稳、准、轻、快地即时得出病症及病因。开心正骨的传承技艺在社会上造成了积极影响，患者遍及全县各个乡镇及周边县、市、区，甚至省外的诸多患者也是慕名而来。

开心正骨21式：扭转乾坤、蹬山步、乾坤大挪移、摇龙舟、阴阳和合、拐弯磨脚、盘龙倒海、运筹帷幄、推心置腹、一马平川、转花式、滚绣球、里应外合、揉筋似水、两面夹击、聚抱盆、开心抱抱、举手之劳、膑膑有礼、神龙摆尾、茅塞顿开。所用工具都是民间常用器物：擀面杖、拨筋棒、艾灸盒、膏药、正骨椅、正骨锤、拔罐器、捆绑绳等。

🌀 王氏正骨手法和秘方代代相传

王月会的列祖（长于其六辈的先祖）王聪明，清嘉庆末年（1815年前后）生人，经过武科举考试，考中武状元，后因屡立战功，被清王朝封为"世袭守备"。王聪明注意到，在习武练功及手下士兵训练的过程中，免不了磕磕碰碰、跌打损伤，决心寻求自治技艺和良方，于是博览中医典籍，潜心钻研，多次拜访正骨名医，经过长达10余年的探索和试验，终于研究出一套自己转动身体便能正骨的绝技和中医秘方，自此，在以后的100多年间，王氏正骨手法和秘方代代相传。

经过烈祖、天祖、高祖、曾祖四代人的传承，传到了王月会的祖父辈王春武、王春荣这里。王春武出生于清光绪二十四年（1898年），十几岁便继承了祖上王聪明的武学特长和正骨手法。20岁时，被云游四方的少林武僧收为徒弟，在习武的同时，还刻苦钻研正骨技艺，求学拜师。其间，接触了不少中原地区名望显赫的正骨名人，使得祖传正骨技艺得到了升华。王春武、王春荣兄弟二人不仅正骨手法高明，而且品德高尚，穷苦人看病，不仅不收取费用，还经常赠药赠食，不接受任何礼物，方圆百里，德高望重。

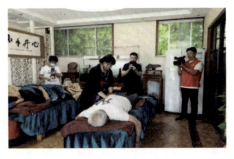

王月会的伯父王好善，出生于1924年，10多岁离开私塾跟随大伯王春武、父亲王春荣学习正骨技艺。20岁时，他的技术便赶上了大伯和父亲，达到了熟记于心、运用自如的程度。1945年，王好善被招工到陕西省西安市胡家庙化工机械厂，厂内职工及家属上千人，日常生活中免不了会有跌打损伤，王好善就用自己的特长免费给工友们正骨治疗。

1984年，王月会小学毕业后来到西安伯父家，为伯父照看两个小孙子。受伯父的影响，王月会萌发了学习中医正骨的念头，于是在以后的日子里，伯父就从最基本的正骨手法入手，一步步把她带进了中医正骨的知识殿堂。王月会深深记得伯父在传授正骨手法之初，

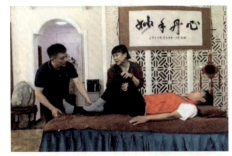

经常带她去人多的地方，教她观察人的身形、走路姿态，望其面色、摄其眼神，对比平衡和阴阳，对人做望诊。望诊是中医最基本的诊断方法，也是最快、最直接、最有效的方法。日常生活中，在伯父的带领下，经常拿鸡、兔子、小狗做试验，把它们的手、腿掰折后再正骨接上，效果非常好。

王月会在跟伯父实践的同时，利用晚上时间把伯父家的诸多中医藏书统统看了个遍。伯父也将中医藏书和家传秘方送给了侄女，把王氏正骨的事业寄托在侄女身上。

🌑 集百家之长，成独具特色技法

从1984年到2008年，王月会经过24年对祖传正骨技艺的学习、研究、探

95

索、发展创新，让正骨技艺发生了质的飞跃，并创造出具有中国特色的创新流派——开心正骨新疗法，闯出一条中医手法外治的新路子。

在以后的日子里，王月会通过参加高峰论坛、出席专题会议、参加技能比赛等方式，认识了很多在国内外中医界有影响力的专家，并先后拜青海省藏医院原院长、藏蒙汉医专家桑杰，山西省中医研究院教授乔正中，美国汉唐国际中医药学院院长许正明，北京慈铭奥亚国际医疗中心针灸师丁永为师，博取众家之长，大大提升了正骨水平。

随着技艺及知名度的不断提升，先后受邀到全国各地办班授课，学生中既有医院院长、主治医师，也有博士生导师、研究生，更多的是全国各地最基层的医务工作者。出色的正骨技术在国内不断获得各项殊荣，尤其是在2021年建党100周年中医药亮剑人物高峰论坛上，开心正骨得到了业内权威行家的检验，通过其手法演示、专家评议、大会评选，成为建党100周年100名中医药亮剑人物，并获得"中医药亮剑成就人物"奖。与会专家评委给出的评价如下：开心正骨手法"大道至简"，从简单到复杂，从单一到多种复合，历经世代祖辈的临床实践，

至今形成了一套具有中国特色的创新流派——开心正骨，为祖国中医药事业作出了突出贡献，影响深远，意义非凡。

主编心语

王月会通过家族传承不断学习、研究、挖掘，创造出具有中国特色的创新流派——开心正骨新疗法。在专访王月会时，笔者深深感受到她内心对中医的由衷热爱，努力让王氏正骨传承造福更多人，让中国古老的中医文化继承和发扬光大。未来，期待更多的人把开心正骨传承下去。

赞开心正骨传承人王月会

少岁离家投近亲，半工半读用情真。

大医甘愿传奇技，后学潜修至宝珍。

排浊生精元气满，开心正骨妙方神。

百年薪火今犹炽，王氏非遗济世人。

李保平：顾氏截根疗法传承人

李保平，中西医结合执业医师，顾氏截根疗法第四代传承人，广州明医堂中医诊所创始人。李保平曾遍访全国名医，师从国医大师卢芳及著名中医药专家杨宏志。从事中医临床工作20余年，擅长用顾氏截根疗法治疗恶性肿瘤、银屑病、脾胃病、肝胆病、乳腺疾病、不孕症及其他疑难杂症。李保平所传承的顾氏截根疗法，由历代传人口传心授，不见于著录，相传为汉代华佗所创。顾氏截根疗法对部分胃癌、肝癌、胰腺癌和淋巴瘤等恶性肿瘤，以及银屑病、不孕症等顽疾，都有较好的疗效。截根疗法，又称"挑刺法"，是一种古法操作三棱针截断人体背部夹脊穴等特定穴位、病理反应点的皮下纤维组织，以治疗疾病的传统中医外治法。它由《黄帝内经》"九针"刺法中的"络刺"发展而来，属针灸大类。截根用的三棱针取法于古代九针之一的"锋针"（《灵枢·官针》）："病在经络痼痹者，取以锋针。""病在五脏固居者，取以锋针。"

"截根疗法"在岭南的发展

东晋葛洪，被誉为"岭南医祖"，在《肘后备急方》中写道："华佗治疗霍乱已死……取'夹背脊大骨穴中，去脊各一寸'，可以起死回生。"又说："岭南人患'沙虱毒'病，用针挑取'虫子'方可治愈。"清朝《痧症全书》中记载了挑法，腹胀、浑身板痛。胸前或腰背用小针穿皮，挑出筋毛，自愈。

中华人民共和国成立后，我国医疗人才匮乏。1968年至1985年期间，赤脚医生作为一种医疗制度，在全国各地普及，用银针和草药为亿万农民提供最基础的医疗服务。1969年的新医疗法中，原广州军区后勤部卫生部推广顾氏截根疗法治疗颈部淋巴结核等病症；1971年《赤脚医生手册》也记载了挑治、割治等疗法。《花县志》载，1968年，花县农村建立"赤脚医生"队伍。1971年，花县人民医院举办中医班，组织西医学习新医疗法。1985年后，随着我国医疗事业的不断发展改革，赤脚医生退出历史舞台。花都本地目前没有人系统地从事针挑或顾氏截根疗法。2015年，广州中医药大学李莹的博士论文《岭南针灸医学发展源流及名家学术传承研究》中提到，针挑疗法源自中国南部民间经验，目前在广东省的针灸医生中仍在积极传承使用。国家中医药管理局已将岭南挑筋法列为农村中医适宜技术全面推广。

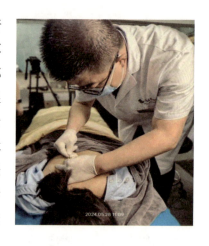

🌑 传承顾氏截根疗法，李保平在行动

顾氏截根疗法博采众家之长，至今已有100多年历史，融汇了中医锋针、半刺、拔罐、放血等多种治疗手段。第一代传承人是清朝太医院的医师，因躲避战乱而隐姓埋名，以王姓定居黑龙江省，用截根疗法治疗乳腺疾病、眼睑炎等病症。民国初年，其子王勇用此法治疗淋巴系统疾病，体表肿块，以及牛皮癣、痔疮、不孕症等复杂病症。第三代传承人顾显颖在舅舅王勇的指导下，继续深入研究和实践截根疗法，将治疗范围拓展至眼科、带状疱疹和癌痛的治疗。第四代传承人李保平，13岁时结识顾显颖，成为其关门弟子，继承了顾氏截根疗法的取穴及操作方法。经过20多年的临床实践，在传承顾氏截根疗法的基础上加以内服中药，完善了顾氏截根疗法针药并施、内外兼治的诊疗系统。

李保平采取临床带教的形式，培养弟子掌握顾氏截根疗法的原理与操作技术。

顾氏截根疗法的核心要点——选穴：一是阳性反应点，在病变特定区域的灰白色、棕褐色或浅红色的丘疹、斑点。特点是略带光泽，压之不褪色，小米或针尖大小。有些阳性反应点上还长有一根突兀的黑色毫毛，非痣、色素斑和毛囊炎。二是阿是穴，在脊柱相应区域的显著压痛点。三是顾氏医学夹脊穴，在脊柱两侧旁开1寸处。以腰痛为例，详细操作流程如下：

1. 器具准备：一次性医用无菌中号三棱针、医用棉签、碘伏、创口贴、火罐等。

2. 选取截根穴位：病人采取俯卧位，充分暴露腰部。先在患者腰椎区域寻找阳性反应点、阿是穴、夹脊穴等1—3个。很多时候，阿是穴同时是阳性反应点或夹脊穴，则首选此穴，效果最佳。

3.具体施术流程如下：

（1）选取的穴位常规消毒。

（2）医生用左手固定穴位，右手以三棱针轻轻划开皮层，长度3—5 mm。

（3）在划开皮层处，用三棱针自下而上反复划动，截断皮下纤维组织，施术深度3—5 mm，直到手感顺滑为止。

（4）截断皮下纤维组织后，对于腰痛患者，还要在截根的创口处拔罐出血30—50 mL，至血色发生变化或疼痛解除即可。

对于痛症患者，需截根后在创口拔罐出血，拔至血色发生变化，大多当场止痛。顾氏截根疗法针对性强，适应病种广泛，见效快，可迅速缓解各类病症，疗效显著。顾氏截根疗法获得了众多业内人士的关注与肯定。

初生牛犊不怕虎，大胆治疗直肠癌

1997年，正值李保平就读黑龙江中医药大学的第二年，56岁的王某因腹部疼痛难忍而被黑龙江省肿瘤医院（现为哈尔滨医科大学附属肿瘤医院）确诊为直肠癌，并被告知肿瘤已经在腹腔肠系膜和淋巴结多处转移，其中直肠肿瘤大如两个拳头，无法手术。病人家境极度贫寒，无法承担

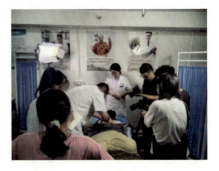

任何医疗费用，也不知道听谁说的，认定李保平专治别人治不了的病，被家属用门板抬着过来找李保平看病。病人说："只要不死，再苦的药我都愿意吃。"

说实话，那时候李保平对医学真是一知半解，什么肿瘤、癌症、炎症、感染，根本就分不清楚。后来读完了医学院，又过了好多年，才对医学有了相对系统的了解。因此，当年凭借一腔热血，就把宽肠十八味改为散剂给病人冲服，每日2次，每次1汤匙。病人吃了1周效果不佳，腹痛、腹胀等症状丝毫没有改善，李保平考虑应该先给他做截根治疗，把病根截断后再吃药，这样才能起效。第一次截根治疗，李保平选择了病人的大肠俞、小肠俞和肿瘤三穴，加上腰骶部的阳性反应点1—2个。第二次截根治疗，李保平选择了病人的胸12节史脊穴（双侧）。第三次截根治疗，李保平选了病人的腰1节夹脊穴（双侧）。以此类推，每次一对穴位，一直截到底部的夹脊穴。同时，每次还配上腰低部的阳性反应点1—2个。在当年的寒暑假里，李保平就给他进行了7—8次截根治疗。

结果在第一次截根治疗的当天，病人腹痛就开始缓解，当天晚上一觉睡到天亮。第二次截根治疗后，病人胃口开始好转。第三次截根治疗后，病人可以自己扶着墙到院子里散步了。同时，李保平嘱咐他每天用青核桃皮30g煮水代茶饮，并逐日加量30g，直到嘴唇微麻，或有少许腹泻为止。就这样，病人从每日青核桃皮30g开始吃，后来加到了每日250g以上。治疗了2个多月后，病人基本可以生活自理了。

🌿 李保平用方"结直肠癌"

结直肠癌属于现代医学病名，根据症状及体征，可将其归属于中医的肠病、润疾、肠覃、疲粮等范畴。早在《黄帝内经》中即有关于本病病机的描述："寒气客于肠外，与卫气相搏，气不得荣，因有所系，癖而内著，恶气乃起，息肉乃生。"祁坤在《外科大成》中也说："肛门内外如竹节锁紧，形如海蜇，里急后重，便龚细而带扁，时流臭水。"这些表现都符合结直肠癌的常见证候。

李保平在临床诊治的大多数进展期或中晚期结直肠癌病人，早已失去手术机会，治疗难度大，使用单一方案效果也不理想，采用顾氏截根疗法配合中药治疗，虽不能说治愈，但至少可以让部分病人实现带瘤生存。

主穴：胸12—骶2节夹脊穴，膈俞，大肠俞，小肠俞，肿瘤三穴，痞根，腰骶部阳性反应点。

常用配穴：体虚寒盛，多伴有腹部冷痛者，加肾俞、命门；久泻久痢者，加脾俞、肾俞、三焦俞；纳差、消瘦者，加脾俞、胃俞。

附方：宽肠十八味。

功效：清热祛湿，解毒消痈。

主治：早中期结直肠癌，症见黏液脓血便等。

处方：秦皮15g，白头翁10g，川黄柏10g，川黄连5g，白花蛇舌草30g，半枝莲30g，炒薏苡仁60g，北黄芪30g，当归身10g，三七5g，连翘15g，金银花15g，炒鸡内金30g，马齿苋60—120g，皂角刺15g，川贝母（研末冲服）10g，炮山甲（代，研末冲服）10g，青核桃皮30g。每日1剂，水煎，早晚温服。

临证加减：本方系顾显颖治疗结直肠癌的经验方剂，以仲景白头翁汤为底方，临床治疗结直肠癌伴有湿热证候者，屡获良效。《伤寒论》记载："热利下重者，白头翁汤主之。""下利欲饮水者，以有热故也，白头翁汤主之。"本方的适应证与结直肠癌有相同之处。大抵肠癌是在正气虚弱的基础上，湿热之邪停滞肠道，再加七情伤人，饮食偏嗜，癌毒侵犯，终成肿瘤。

结直肠癌病人晚期出现癌性腹水、腹胀如鼓，可加大腹皮、云茯苓、泽漆等；放化疗之后骨髓抑制者可合用八珍汤益气养血，再加炙淫羊藿、盐巴戟天，以鼓舞气血生长；腹痛者，加赤芍、炙甘草、天然沉香；便血较重者，可加用仙鹤草、白茅根、侧柏炭等；肿瘤发展至骨转移者，可加炒补骨脂、煅自然铜、鹿衔草等；全身出现多处转移者，为人体正气极虚的表现，可加高丽参、重楼等；便秘者，加生大黄、炒桃仁；纳差乏力者，加高丽参、生白术；肿块巨大者，加岐黄散3 g冲服。

🌿 心系患者痛苦，义诊医者仁心

李保平经常参加相关的学术交流会、举办义诊等。2021年，李保平将自己临床20余年的经验汇编成《截根疗法：濒临失传的中医绝技》全国发行。与此同时，指导南方医科大学学生等数百人次实践顾氏截根疗法，采取口传心授的方式，培养传承人梁燕婷与罗婷，以及诊所的工作人员。

2023年，广州明医堂中医诊所通过国家医保验收，成为广州市职工医保定点医疗机构，实现了全国医保异地结算。这意味着濒临失传的中医绝技——顾氏截根疗法纳入社保范围，可以减轻人民群众的医疗负担。同年，广州明医堂中医诊所被评为广州市花都区民营医疗机构协会副会长单位。

在花都这片充满希望的土地上，广州明医堂中医诊所正以开放的姿态，致力于传统中医药的发展与传承，守护人民群众健康，让中医智慧惠及更多的人民群众。为薪火相传、造福一方，李保平申请将广州明医堂中医诊所的"中医外治特色技术——顾氏截根疗法"纳入广州市花都区非物质文化遗产代表性项目名录。

主编心语

在笔者心中，李保平具有三大特质。第一，他是拥有解决疑难杂症"法器"最多的人：一是他的"截根疗法"这项古老的中医绝学对解决肿瘤淋巴、结直肠癌等顽疾具有很多成功的案例；二是他得到国医大师卢芳的真传，特别对内科疑难杂症验方的应用理解独特。第二，他对待工作严谨认真，对待病人亲和同理。第三，他对中医有一份特别的情怀与使命，传承并建立一支强大的疑难杂症中医诊疗团队，用中医内调外治帮助更多患者解决肿瘤等顽疾。

赞国医大师卢芳医术继承人暨顾氏截根疗法传承人、

广州明医堂中医诊所创始人李保平

少年立志效华公，学艺拜师仁术崇。

顾氏截根除瘤疾，银针选穴显神通。

但凭救死回生手，敢教癌魔逃似风。

情暖杏林春意满，明医堂里百花红。

赵英：中医古法非遗传承者、聋哑康复调理传承人

徒手调理聋哑疑难杂症，四代心心相传

赵英七八岁时就拜师专调聋哑疑难杂症中医第三代传承人黄海山。跟随黄海山学习实践中，赵英见到无数聋哑人得到中医古法调整后可以开口说话了。

在实践中，受益者不计其数。其中一名12岁的孩子人生第一次喊出了"妈妈"，令全家人落泪，非常令人感动。时至今日，一转眼50多年来，小至3岁孩童，上至97岁老人，通过中医古法重听到世界的声音。

聋哑分为先天性聋哑、后天性聋哑。先天性聋哑是受孕时不当用药及胎儿发育成长时身体其他疾病导致的。先天性聋哑及后天性聋哑、耳聋、耳鸣的调理，通过中医古法可以不吃药、不打针、不扎针，只需要通过中医的点穴法就可以调理好。根据聋哑者症状及年龄不同，激活耳部神经穴位也不同。例如，有的与眼头部穴位"百会穴"、背部穴位、颈椎穴位、肩部穴位、腰部穴位等经络不通等导致问题性部位进行调理，具体要根据患者实际情况的不同而不同。

将中医古法非遗项目传承下去

赵英所创办的周口市常济堂传统医药（易理正通点穴疗法）在2021年获得河南省民间文化遗产抢救工程工作委员会"河南老字号"认定。2022年10月，赵英所传承的中医古法获太康县人民政府、太康县文化广电和旅游局颁发传统医药"太康县非物质文化遗产代表性项目"。

上古医书《黄帝内经》中有讲"祝由术"。有的人称之为"东方能量学"，也有的人认为是迷信。从当代心理医学角度来看，人们出现的间断性耳聋、耳鸣、耳内蝉鸣声或嗡嗡声等杂音，与人的情绪焦虑、心烦意乱、睡眠质量低等有紧密的关联。在调理相关穴位时，可选用"祝

由术"声音配合，在语言声音中运用低频音或低频节奏感，使人的心理与生理达到放松的状态中，运用中医原理对相关穴位进行徒手调理。

健康小常识分享

让眼光更健康的方法——"怒目金刚"练习法的步骤如下：练习者找到有绿色植物的场景，将身体放松，调整舒适的坐姿或站立的状态，闭目养神，进行3—7次深呼吸后让身体达到全然放松的状态，然后轻轻睁开眼睛，对着一片绿色树叶或花叶，同时用手指由轻到重、由近到远配合眼睛目视聚焦盯住一个地方（深呼吸时可用心数数字1—9配合）。"怒目金刚"练习时要专注盯视某一绿色植物叶片，专注一个点。

注意这个时候要保持心神专注、目光聚集。"长呼吸式或深呼吸式"进行3～7次练习后，有的人会流眼泪，有的人会感觉眼睛疲劳，但稍闭目1分钟后，再睁开眼睛会感受到眼睛更明亮、看东西更清晰。

原理解析：通过专注、聚焦式的"怒目金刚"练习法，既可以增加眼睛血液循环，让眼睛排出毒素，也可以增强保持眼睛的专注力。

解决痛点：眼睛疲劳、眼睛干涩、视力模糊等问题。

主编心语

赵英一直致力于非遗聋哑康复调理使命事业，从早期与这一中医古法结缘到一个个聋哑康复调理功能奇迹恢复，令人感叹中医古法之神奇。就如赵英分享："经络调、百病消"，很多时候出现疾病，是因为早期"身体的经络不是'堵了'就是'卡了'，如果能明白掌握经络调理，早期就可以调理康复"。

咏赵英济世心

古法薪传四代家，徒通经络启聋哑。

稚童初唤慈亲泪，心火无声济岁华。

薛国圈：千年蜂疗"腰肩关节疼痛、内风湿病"专家

薛国圈，中国中医蜂疗学会副会长，古法蜂疗治疗关节炎开拓者，中国中医蜂疗人才和临床应用研究者，中国中医蜂疗协会副会长兼蜂疗基地主任，中国网健康中国"腰肩关节疼痛"专家库成员。

从军卫国志红医

薛国圈从小就立志做一名保家卫国的军人，1968年从河北定州应征入伍来到河南开封解放军某空降兵部队，1969年就被批准入党，历任卫生员、军医、所长、师医院副院长。先后5次立功，12次受到嘉奖，曾参加国庆观礼受到毛主席接见。直到2000年以副师级待遇退休，薛国圈选择留在开封这个第二故乡。

在军营里，为治疗解决空降兵官兵腰肩痛这一世界公认的空降兵职业病难题，薛国圈翻阅大量医药古书籍，到民间寻找秘方及请教名医。最后发现医药古书籍中古人用蜂胶足迹及民间有蜂毒治疗关节炎具有1 000多年历史记载后，他就开始学养蜂、搞研究。

驻地工厂一名青年工人因工患臂丛神经病，五家大医院的诊断结果都要求截肢。患者在绝望之际找到了薛国圈。看到患者年轻的面孔、痛苦的表情和充满期待的眼神，薛国圈觉得自己必须努力拼一把，为患者找回生活的信心。他探索中西医结合治疗，大胆尝试针灸穴位禁区，恰当把握药物剂量，终于为患者保住了上肢，恢复了功能。本着踏实工作、治病救人的原则，薛国圈让许多疑难杂症患者恢复了健康。

薛国圈为实践蜂疗疗效，一次次将带毒的蜂针按在自己身上，找穴位、看疗效、摸次数、探深浅，时常身上的毒包起了一个又一个，消肿了

后继续再来。为了体会最大耐受量，他坚持不打针、不吃药，终于掌握精准安全系数。经过多年刻苦专心攻关，终于研制成功蜂宝系列产品，用于治疗腰腿病，取得了很好的效果，为广大官兵和驻地百姓解除了痛苦。薛国圈所创立的蜂宝系列产品荣获"国际蜂疗保健博览会特别金奖"和国际金、银、铜牌等8项大奖，蜂毒疗法获得了国家发明专利。

🌼 让千年中医蜂疗走向世界传播

多年来，薛国圈为使蜂疗这一自然疗法不断完善，从云贵高原到海南、福建，都留下了他收集蜂质数据及观察疗效的足迹。薛国圈在国内外发表学术论文60余篇，出版医学专著2部，研制的产品获得国家专利并批量生产、销售。他的技术和产品为数以万计的患者解除了病痛。他的最大心愿就是将中国的中医蜂疗技术传承下去。在国家有关部门的关怀下，国家中医药管理局中医蜂疗人才和临床应用基地在蜂疗医院挂牌成立。薛国圈也被选为中国中医蜂疗副会长兼主任。

意大利、澳大利亚、科威特的学者、患者们不远万里来蜂疗医院学习和治疗疾病，让蜂疗日益走向世界。

一位文人患者曾写下了这样一首诗句：

军医志故长城坚，解甲岂肯享清闲。

神医解除患者苦，蜜甜送于人世间。

🌼 永葆本色挥余热

退休后，薛国圈永远向雷锋同志学习，为人民服务的本心不变。过节时，他为困难群众送米面；居民公厕破旧不堪，他出钱帮助修缮；当得知河南大学一名困难大学生带着患病父亲上大学时，大年三十那天他带着药品来到父女租住的民房为其诊治病情，并给他们送去一些生活物资。

退休安置到军休二所后，他领头建立了开封市蜂疗医院，将部队离退休老军医集中起来，以一流技术、一流质量发挥余热，奉献社会。如今已77岁的薛国圈，作为一名老党员，用实际行动诠释了共产党员的责任与担当。薛国圈成立了豫剧团，通过豫剧这种群众喜闻乐见的形式，宣传党和国家的大政方针。

多年来，他送戏到乡村、送医到群众"家门口"，先后到省内外为群众送戏2 000余场、义诊20万人次，并累计捐赠了价值20余万元的药品，先后收到康复患者的锦旗50余面，以及感谢信1 300余封。

健康小常识分享

关节炎是一种常见慢性疾病，通常与人的年龄、遗传、生活习惯或职业有关。采用精油与中医刮痧结合对疼痛部位进行疏通经脉，祛瘀排毒，对内风湿性关节炎具有缓解神经压迫、分解黏连的作用。

主编心语

从军医到副师级待遇退休，薛国圈用一生奉献军队医疗事业。薛国圈曾参加过国庆观礼，受到毛主席接见。他是千年古法蜂疗应用探索者，运用中医古法诊疗腰间腿病、妊娠斑、雀斑、胎斑等疑难杂症的探索实践者，开创了新时代中医一系列科研成果。

107

赞中医蜂疗专家薛国圈

应征入伍寸心丹，汴地行医敢为先。

经脉调和除湿气，腿腰止痛按柔肩。

夜翻古典良方觅，身刺毒针穴位研。

蜂宝神奇惊世界，弘扬国粹正当前。

楚天元：郑州楚氏骨科医院院长、楚氏正骨传承人

楚天元，毕业于郑州大学医学院临床医学系，郑州楚氏骨科医院院长，管城区养老服务中心院长，郑州市非物质文化遗产"楚氏正骨"传承人，2021年郑州非物质文化遗产年度人物，中医正骨省级技能大师，郑州市管城回族区人大代表、慈善总会副会长，河南省老干部大学特邀讲师，河南省医院协会骨科管理分会常务委员，河南省医师协会委员，河南省中西医结合学会骨与关节感染专业委员会委员，河南省中西医结合学会骨与软组织肿瘤专业委员会委员，河南省残疾人康复协会肢体康复专业委员会委员，河南省首个中医正骨保守治疗小儿骨伤病区创始人，率先成立河南省ERAS快速康复示范病区。

楚天元擅长四肢骨折的中医正骨治疗，颈肩腰腿疼的精确诊断、精准治疗。

出生中医世家，立志传承楚氏中医正骨

楚天元从小就受家族医学文化的熏陶，燃烧着一个伟大的行医梦。长大后被家族长辈们委以重任，担负起行医救人的重任。一路走来的他勤奋好学、务实重干，是家族长辈们眼中的佼佼者。他高大帅气、风度翩翩，是大家眼中的"男神"。其实生活中，他是一位普通的基层医务工作者，是一名医生，是沙颍河畔茁壮成长起来的翘楚。

楚天元1984年出生于豫东平原周口淮阳区豆门乡楚庄村一个中医世家，是家庭的长门长孙，绝对是爷爷奶奶的"掌上宝"。按家族记载，传承到楚天元这一代已是第十一代了。小时候的生活环境就是经常到爷爷、父亲工作的

医院玩，经常看到爷爷、父亲给患者做治疗。小时候，令楚天元记忆深刻的是患者康复后送来的一块感谢锦旗上面写着："来时哭、走时笑、花钱少、治得好。"楚天元当时还不太明白这12个字的含义，但这12个字朗朗上口令自己印象很深刻。

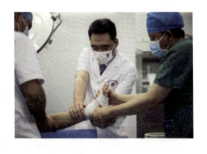

在这样耳濡目染的环境下，楚天元从小立志未来做一位名医，帮助更多人解除病患之苦。

进学校之后楚天元不负众望，一直成绩优异，后来考入淮阳县重点高中——淮阳中学，在学校成绩名列前茅。高考后，在填报志愿时，他面临了家庭意志和自己理想之间的矛盾。家族的一致意见希望他选报医科类大学，将来继承家族行医的事业，而他内心里一直想报工商类大学，心想可以干更大的事业。在两难之间，爷爷、奶奶和父辈向他阐明这样一个道理：医学能救人于危难，医疗事业能带动乡邻和更多人的发展。于是，楚天元填报了医科类大学志愿。

楚天元从郑州大学医学院临床医学系毕业后，很快就体验到之前那12个字对他行医的影响。"来时哭、走时笑"让他永远记住要用精湛的医术帮助患者解决问题；"花钱少、治得好"让他永远站在患者角度去考虑问题。

每当治好患者的病痛时，患者的感谢与笑容让楚天元感受到认可感、成就感。

郑州一位老大爷在楚氏骨科医院诊疗康复后，感慨地说："郑州楚氏骨科医院是人民的医院。"这样的认可时刻激励着楚天元。作为郑州楚氏正骨传承人，楚天元立志将楚氏正骨手法继承和发扬光大，提出"传承祖国医学，创新骨科治疗"的理念，将正骨手法无私地传授给医疗团队中的优秀医生，并在临床实践中取得了良好效果。

大医古朴，守一以止

在临床实践中，楚天元潜心钻研，虚心求教，工作上一丝不苟，业务上精益求精。经一事长一智，在实际锻炼中，楚天元渐渐成长起来，从一开始的谨小慎微到后来的能够独立支持，再到后来的独当一面，最终达到了轻车熟路。

今天的骨科患者已不仅仅停留在跌打损伤上，复杂的骨骼损伤和老年骨病更为常见。传统的治疗理念与办法已不能完全满足患者治疗的需要。楚天元积极带领治疗团队走出去、请进来。借鉴AO创伤骨折治疗原则，楚天元解决了关节部位复杂骨折的治疗难题，让患者拥有"无痛的功能"。结合北京301医院、成都华西医院在河南省内率先开展关节和脊柱的快速康复治疗方法，楚天元攻克了"高龄老人骨折就是人生终点"的一大难题。新技术的引进减少了患者病痛，缩短了患者的住院时间，降低了治疗花费。为了攻克"骨髓炎"，他出外进修，带回了先进的"ILIZAROV牵张成骨技术"骨髓炎治疗理念、方法，确保了很好的临床效果。

医生精湛的医术来自不懈的进取与诚挚的爱心。楚天元说："要想成为一名合格的医生，就要做到'大医古朴，守一以止'。'古朴'体现在我们对患者的心情和患者对我们的情感认同，至纯至简，我们和患者共情。'守一'体现在对治疗本质的坚守，至精至美，让患者和家属以最小的付出获得最大的收益。"

"大医古朴，守一以止"是郑州楚氏骨科的行医理念，也是楚氏行医以来一直坚守的家族传承。从创办楚氏骨科的楚金海老先生到第二代传承人楚士保，再到第三代传承人楚天元，他们心向"大医"，谨守先辈"古朴"之意，身体力行这一理念，力求打造出最和谐的医患关系。"守一以止"之"一"于楚氏骨科有三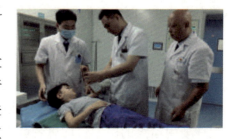解。不开刀、不手术的中医正骨是楚氏骨科的根脉，为"一"；在治疗中竭尽全力找到最适合病人的"一"种治疗方案；患者至上，患者为"一"。守一心，摒弃名利权情，心无旁骛，一心向医；守一行，不妄言，不虚语，言行一致，诚实守信；守一道，至诚至善，救死扶伤。楚天元始终秉持楚氏骨科这一行医理念，既是这样说的，在工作中他也是这么做的。

楚天元擅长四肢骨折的中医正骨治疗、股骨头坏死精确诊断及精准治疗、膝关节骨关节炎阶梯治疗、LLIZAROV牵张成骨技术解决骨感染、大段骨缺损的治疗及创口不愈合、褥疮。颈椎病、腰椎间盘突出症、腰椎管狭窄保守治疗及微创治疗。

随着老龄化加剧，楚天元于河南省内率先关注老年人"失能"状态，并提出"失能"防治计划，关爱老年健康。

郑州楚氏骨科特点：

①医：梳理总结中医正骨治疗骨折的优势病种，特别是儿童四肢骨折，将中医正骨各病种的治疗流程规范化、标准化。

②教：将中医正骨理论及实践以师带徒、学习班、培训班、与大学联合教学的形式，传授给更多的医生，让一双手变成十双手，十双手变成百双手，让更多的病人受益，同时让中医正骨的历史意义及社会价值发扬光大。

③研：在临床实践的基础上，进行中医正骨核心理论的科学研究，包括功能复位标准的研究、中医正骨生物学、材料学、生物力学、心理学、社会学的研究。

国际上近年来倡导的生物学固定理念在某种程度上是逐渐向中国传统骨折治疗观点靠拢的。这些中医正骨的科学研究，使楚氏正骨有朝一日能够成为骨科领域的领跑者之一，使更多的病人受益。

主编心语

作为楚氏骨科第十一代传承人，楚天元将"大医古朴、守一以止"作为行医理念，特别是"守一以止"之"一"有三解：一是不开刀不手术的中医正骨是楚氏骨科的根脉，为"一"；二是在治疗中竭尽全力找到最适合病人的"一"种治疗方案；三是患者至上，患者为"一"。守一心，摈弃名利权情，心无旁骛，一心向医；守一行，不妄言，不虚语，言行一致，诚实守信；守一道，至诚至善，救死扶伤。正是坚守这一行医理念，让楚氏骨科在业界独树一帜。

赞郑州楚氏骨科医院院长、楚氏正骨传承人楚天元

十一传薪淮水阳，三关守一立医纲。

金箆理络千钧骨，玉尺量诚百手彰。

大医献方

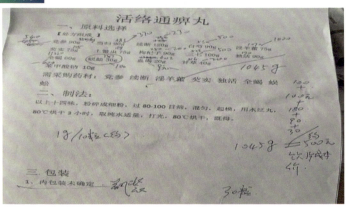

111

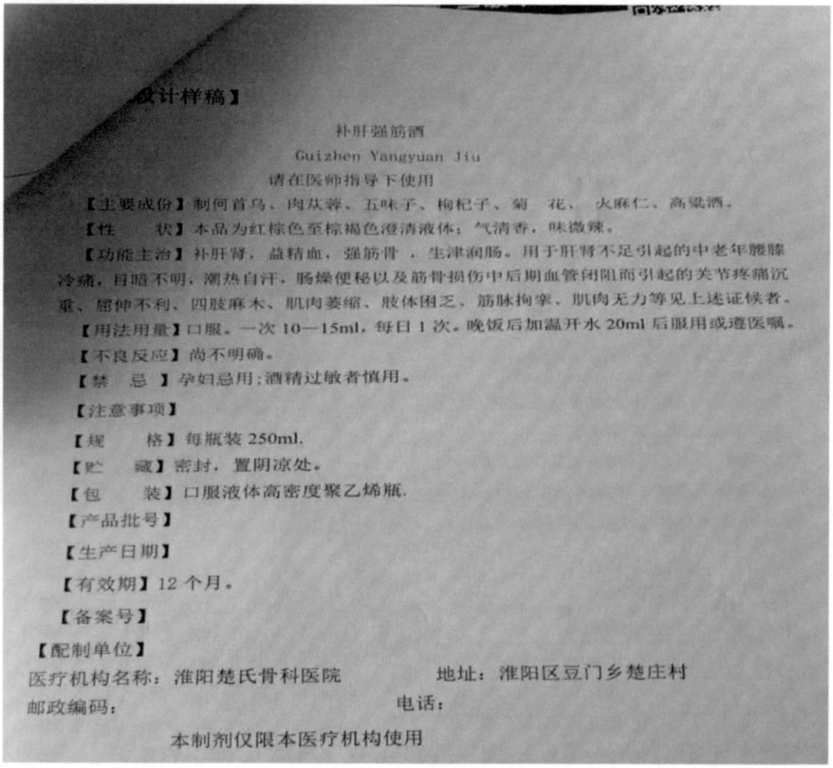

【设计样稿】

补肝强筋酒

Guizhen Yangyuan Jiu

请在医师指导下使用

【主要成份】制何首乌、肉苁蓉、五味子、枸杞子、菊 花、火麻仁、高粱酒。

【性　状】本品为红棕色至棕褐色澄清液体；气清香，味微辣。

【功能主治】补肝肾，益精血，强筋骨，生津润肠。用于肝肾不足引起的中老年腰膝冷痛，目暗不明，潮热自汗，肠燥便秘以及筋骨损伤中后期血管闭阻而引起的关节疼痛沉重、屈伸不利、四肢麻木、肌肉萎缩、肢体困乏、筋脉拘挛、肌肉无力等见上述证候者。

【用法用量】口服。一次 10—15ml，每日 1 次。晚饭后加温开水 20ml 后服用或遵医嘱。

【不良反应】尚不明确。

【禁　忌】孕妇忌用；酒精过敏者慎用。

【注意事项】

【规　格】每瓶装 250ml.

【贮　藏】密封，置阴凉处。

【包　装】口服液体高密度聚乙烯瓶。

【产品批号】

【生产日期】

【有效期】12 个月。

【备案号】

【配制单位】

医疗机构名称：淮阳楚氏骨科医院　　　　　　　地址：淮阳区豆门乡楚庄村

邮政编码：　　　　　　　　　　　电话：

本制剂仅限本医疗机构使用

药食同源篇

郑国明：花山"小黄姜冰淇淋"创始人

花山"小黄姜冰淇淋"

在广州市花都区花山镇有一款非常受女士青睐的人气"小黄姜冰淇淋"，今日一起探寻"小黄姜冰淇淋"的主人郑国明与一位来自意大利三代传承的冰淇淋雪糕师碰撞出来的故事。

有一位广东人，他老婆生了三个孩子都是男孩，现在准备要生第四胎了，心想这次老婆一定会生一个女孩，就跟朋友说："这次如果我老婆生个女儿，我就大摆宴席。"于是就在自己家里田里种植了许多小黄姜。结果他老婆生的第四胎还是男孩。

有一天，他带着自家种植的小黄姜到花山镇送给郑国明，恰巧遇到郑国明与一位来意大利三代传承的冰淇淋雪糕师正分享冰淇淋的做法。于是，这位广东人提出可否用小黄姜作为冰淇淋原材料来做成冰淇淋。一开始这位意大利冰淇淋雪糕师并不理解，仔细打量小黄姜并切片品尝后，说了一句："NO，这样的辛辣口味怎么可能可以做冰淇淋呢！不干，不干。"并强调说："冰淇淋是一种快乐文化，对原材品质的要求非常高，要有甜的元素才有快乐感。"当他了解到这位广东人种植小黄姜是因为中国中医原理中小黄姜对人的健康是有益的，具有辛温散寒、开胃健脾、祛风解湿等功效，有助于预防感冒、缓解头痛和消化不良等症状。于是，同意用小黄姜作为冰淇淋原材料制作成"小黄姜冰淇淋"。

"冰中无寒" 冰淇淋

就这样从不理解到理解，这位意大利冰淇淋雪糕师说："这原来是中国人的健康养生'自然修复力'，很有趣。"表示愿意去回去尝试一下，于是就选了一些小黄姜拿了回去。回去后做了小黄姜物量成分检测并调制一些样品品尝。调制出来的冰淇淋要么没有

冰淇淋味道，要么就是小黄姜味道过重。拿过来后，郑国明鼓励他说再多试一下，后来了解到中国人喝黄姜汤喜欢用些红糖，常选用云南手工红糖，并用意大利冰淇淋制作工艺除去小黄姜姜丝、小姜丝球等处理后变成姜泥使口感更有嚼头。就这样经过反复调制，做成了中国健康养生原理+意大利冰淇淋制作工艺的"冰中无寒"冰淇淋。此品推出后特别是受到女性朋友们的欢迎，因为吃的时候口感是冰的，吃了之后身体是热的，不会生寒。

115

主编心语

这是西方化学思维与东方中医健康理念不同思维方式的人，从碰撞、争议、纠结到"和解"达成一致共同的健康理念，碰撞出了健康火花"冰中无寒"冰淇淋，更是快乐+健康+养生达成一致的健康理念。

浣溪沙•赞郑家小黄姜冰淇淋郑国明

草木葳蕤夏日长，花山小镇好风光。

嘉朋约我刨冰尝，入口甜沙消暑味。

可心清爽化愁肠，黄姜独特胜千觞。

张秋林：中医药应用价值的探索者、开拓者，资深药师，美业专家

张秋林，主管药师，中医药资深名师，广州仪美生物科技有限公司创始人、广东省化妆品科学技术研究会副会长、抗衰老专委会主任，广东省中药研究所特聘工程师，广州市天然绿色化妆品技术创新联盟副秘书长，广东省南方化妆品研究院及广东美妆品教育科技有限公司质量管理专家。

张秋林是广州仪美生物科技创始人、总工程师，是一位既懂医理药理又懂调理问题性肌肤的人，是中医药应用价值的探索者、开拓者，被行业喻为"问题性肌肤的清道夫"，解决皮肤问题痛点、难点的技术专家。

从药师、中医师到中药化妆品应用技术的创造者

张秋林1989年毕业于湖北中医药大学药学专业，后又就读于成都中医学院临床中医专业。用秋张林的话说就是"这辈子跟中医药真就离不开了"。从1989年开始，在市级医院工作，从医院制剂、试验性药物的开发应用到2000年一个偶然契机，进入化妆品这个"美丽的事业"。

张秋林是怎样进入美业的呢？1992年，张秋林在南京参加全国药学技术交流会。一位从事化妆品行业的老板通过会议专家找到了张秋林，咨询他在技术上遇到的难题，张秋林就跟这位老板交流了问题的根源和解决的方法，并分享中医药在皮肤问题应用的优点和奇特的效果。他们有位产品工程师研究了几个月，产品配方效果不理想。后来，张秋林花了一个星期左右的时间，就研究出来了，产品配方效果非常好。

从此之后，很多化妆品行业老板遇到专业问题，就来咨询张秋林，寻求效果好的产品配方，这样就将中医药的特色在化妆品界得到推广和肯定。还有一些工厂的生产配方，通过张秋林审核合适后，才敢生产。因为张秋林经常指出他们的配方中原料成分和操作工艺不规范的地方，帮助他们规范纠正，保证了产品的良好效果。

中药化妆品健康更美丽

为什么要专注中药化妆品研究？在张秋林看来，从中医药的角度看待皮肤问题，跟单纯从化妆品角度去理解，是不一样的。综合运用医药学知识、化妆品技术和皮肤平衡健康，才能有效地将问题皮肤快速地恢复到正常的平衡状态，并且把正常的平衡状态维持下去，延缓皮肤衰老，达到真

正的皮肤抗衰。张秋林早在10年前就提出了"中药化妆品，健康更美丽"的健康护肤理念。张秋林及其团队共同创立了"仪美丽雅"品牌，综合运用医药学、皮肤学和化妆品等相关专业知识，挖掘各地特色野生植物，开发出问题肌肤（斑、敏、痘、纹）修护系列化妆品、抗衰老系列化妆品，期望把"仪美丽雅"打造成一个从肌肤健康管理出发的护肤品牌，重塑皮肤健康平衡体系，避免皮肤受到无谓的伤害，让大家美得健康、美得自信，得到了中央电视台《国货品牌》栏目的一致认可。

117

做深耕中医药在美肤美妆中应用的探索者、引领者

张秋林从湖北中医药大学药学系毕业后，在市级医院工作。在医院工作期间，张秋林积累了丰富的皮肤美容和医院制剂研发方面的经验。张秋林生产的"维生素E霜"得到了全市医疗系统的一致认可，每次生产完成，在药房里就被抢售一空。张秋林对医院制剂里的外用膏霜乳液的研制有着浓厚的兴趣，在针对皮肤病治疗和美容护理方面收集了很多案例，积累了大量经验。为此，1993—1994年两年时间，张秋林在成都中医药学院函授大学学习了临床中医学，顺利结业，进一步丰富了中医药理论知识。

随着社会的不断发展，人们对护肤品的追求也越来越高，各种功能性护肤品也飞入了"寻常百姓家"，而这些护肤品大多数来自广东这样的沿海发达地区。各类护肤产品如雨后春笋般涌现，急需相关的专业人才，才能跟得上市场的发展步伐。2000年8月，张秋林辞去了原事业单位的工作，南下广州，从事工厂生产、配方研发、工厂管理和行业培训交流等工作。由于其具备丰富的正规医药行业管理和规范的药品生产开发经验，因此，快速地成为行业内小有名气的专业技术人才。

做懂医理药理的问题性肌肤调理人

当今时代，滥用化妆品、环境影响、病理用药、生活和饮食习惯等一系列原因，导致现实中很多人的皮肤出现粗糙、暗黄、色沉、痤疮、斑点、敏感、皱纹等众多肌肤问题，而解决这类肌肤问题，正是仪美生物的主攻方向之一。张秋林在实际研发中，从中药应用与皮肤溯源角度深度

解析斑敏痘肌肤修护难点。对于此，张秋林团队综合运用了医药学、皮肤学和化妆品科学等专业理论知识，勇于开拓，不拘一格，不断探索多种技术融合的路径，形成了一套完整的"纠偏平衡"理论，着眼于皮肤的清洁透亮和平衡屏障的建立。在原材料的选用上，仪美生物坚持反复筛选，对比应用。从道地的动植物，如芬兰白桦树汁、内蒙古驼峰油、仙草石斛等入手，组方和工艺缜密调整，反复测试，从而保证产品的安全、稳定、有效。

在张秋林团队看来，安全是研发化妆品首先要考虑到的。有些皮肤问题就是使用不当化妆品引起的，如人们耳熟能详的"激素脸""铅汞脸""敏感肌"等，有些不良商家在产品里添加了各种违禁成分，导致皮肤出现红肿、脱皮、起疹、瘙痒、破皮流水、过敏等一系列问题。这种添加了违禁成分的产品，在一开始使用的那几天，效果确实不错，但时间一长，问题就越来越多。在张秋林看来，用这种思维生产出来的产品已经"离经叛道"了。

有一天，张秋林团队接到了一位做化妆品的客户刘女士的电话。刘女士说："使用其他的祛斑产品，已经遇到瓶颈，没办法解决了，其产品不能很好地解决祛斑的问题，还得请您指导指导。"经过双方的深入交流，反复测试样品以后，刘女士深刻地领悟到：祛斑产品的使用，核心点不在于控色，而在于皮肤的修护，明白了张秋林先生提出的"中药化妆品，健康更美丽"的理念。这一理念核心在于

重建皮肤屏障、生肌修护，这一全新理念一下子就打破了刘女士多年的瓶颈问题。后来，这位刘女士加入张秋林团队，立志要将"仪美"中药化妆品这一理念在中国市场上做精做强，让行业的错误祛斑理念得到纠正，让大家的皮肤健康又美丽。

国货自信，重塑美业价值观，重塑行业信念

在张秋林看来，消费者买化妆护肤品时，没必要盲目相信国外品牌，因为中国人的肤质与白人、黑人的肤质完全不同，化妆品的使用习惯也不同。选产品时要选适合自己皮肤健康状态的。每一个人面部皮肤的状态对标的是自己身体皮肤的状态，因为身体皮肤受到了衣服的长期保护，细腻白净。因此，面部皮肤需要一款能够像衣服一样保护身体皮肤的护肤品来保护面部皮肤。

秉承"在安全的前提下变美"的大方向，张秋林和仪美团队专注于化妆品的技术创新、配方研制，坚持"中药化妆品，健康更美丽"的企业文化，拒绝化妆品违禁成分的添加，拒绝无用的化妆品成分炒作，求实创新，直达效果。针对"祛斑容易，反弹快，修护难""技术提取容易，控色难""祛痘容易，如何防复发""敏感肌，防不胜防""祛皱纹容易，反弹快，如何真性祛皱"等市场上提出的一系列护肤难题，张秋林团队聚全力破解。解决这些问题的核心是建立"纠偏平衡体系"，重建皮肤屏障，让皮肤重新恢复保护功能。目前，仪美团队研制开发的抗敏褪红修护原液和生肌修护霜，能够快速解决敏感肌、激素脸、铅汞脸等问题；研制开发的清洁活肤微乳面膜、修护舒缓微乳面膜和桦树汁系列修护套装等产品，能快速解决斑敏痘纹的肌肤问题，从"根"上解决问题性皮肤，达到健康靓丽、延缓衰老。

119

主编心语

未来，中药化妆品将迎来真正的"国潮时代"，关键是要守住信条底线。对于此，张秋林团队坚定不移地做好"问题性肌肤的清道夫"这一角色，本着"健康溯源中药化妆品，健康更美丽"这一方向，不断深耕，做中医药应用价值的探索者、开拓者，为做让中国人备感自豪的事业而奋斗！

赞中药应用价值的探索者、开拓者张秋林

百草丹青绘玉颜，瑶华纠偏筑金城。

铅汞尽褪春潮涌，国色天香溯本源。

汉菽品牌创始人团队：大豆植物蛋白的守护者、推动者

笃定一件事，溯本求真三十年

穆浩雄是机器"植物奶牛"及"平衡高纤维高蛋白核心暨综合营养集成"（简称"高纤蛋白"）发明人，心中有"让更多的人因植物蛋白而健康起来"的心愿使命。他是植物蛋白的守护者、大豆简史的传播者，曾经是国家卫健委生命关怀协会素食工作委员会专家，曾兼任华南农业大学大学生创业导师。

穆浩雄在30多年前心中就有一个笃定，认定将来植物蛋白一定是人类补充蛋白质最安全的主要来源，因为动物蛋白的来源有造成人兽疾病的传播可能，人为饲养造成不安全的可能，以及动物能源的二次污染，会造成人与自然关系的失衡。在穆浩雄看来，人类各种传染性疾病都有"人畜共患"、病从口入的特点，这是他一直思考着的如何解决的课题。人类机体能量所需蛋白质，如何拥有一个可持续生态循环？对比其他各种动植物蛋白，大豆植物蛋白是在人类历史上最具贡献的大自然的恩赐，但把梦想变成现实并不容易。

从那个时候起，穆浩雄就一直致力于研发大豆在无任何添加的情况下，怎样变成奶的问题研究。在穆浩雄看来，这个问题必须突破和成功，因为这才是人类维护自己生存的真正良性循环生态链方式。他从1995年开始先后投资三四百万元资金用于科学研究与机器设备研发。在技术没有成熟、没有社会关系、没有产品之际，在最困难的时候，他带领大学生创业团队坚持到最后，最终研发生产出以大豆为主的豆谷类原料的机器"植物奶牛"和"平衡高纤维高蛋白核心暨综合营养集成"等系列产品。

创业艰难，成就创业者

　　凌土梅出生在贫穷的农村家庭，从小爱读书、学习。虽然已超学龄但家里给不出学费，但凌土梅常常会趴在教室窗口看老师教书，后来老师知道情况后帮助她缴了学费，让她上学。凌土梅很感动，读书非常用功。尽管家庭贫穷，但凌土梅从小感受到亲人、老师、邻居的关怀和爱护。这种爱就像一颗种子深深地扎在凌土梅的心底，发芽、生长出感恩之果。长大后，勤工俭学上了大学，毕业将面临就业和创业两条路，凌土梅却选择了第三条路：感恩之路，即做义工、做志愿者到农村去支教，回报感恩养育自己的农村。

　　社会专业机构的特别感召，使得凌土梅又面临就业和创业两条路。本可以在专业机构里拿到一份丰厚的薪酬安稳地生活，凌土梅却欢喜地选择了创业这条路，想更好地为社会、人民服务，要把学习到的知识转化出人生最大化的价值。

　　刚开始，凌土梅和大学生创业团队跟着穆浩雄在华南农业大学开了一家约6平方米的小店，作为大学生创业项目基地。尽管很小，可穆浩雄说，小可以变大，大是一个个小加起来的。6平方米的小店，4个业务员分别从东、南、西、北4个方向各走10米，店面不是成了100平方米了吗？再走100米呢？他们向四个方向流动销售，卖完到店里装了货再骑出去卖，生意一天天地好起来。

　　更可喜的是，他们创业的项目"课间营养豆奶工程"获得了广东省科技厅立项，"社区营养豆奶工程"获得了国家级大学生创新创业金奖，当然还得到了其他的嘉奖，以及得到各大媒体的报道。

　　为了保证产品的品质新鲜、天然，穆浩雄带着凌土梅的大学生创业团队每天早上3点起床生产新鲜的种子奶，为师生们供应当天的奶。晚上回到宿舍都12点多了。因为刚开始创业，没有钱，凌土梅就用自行车送货；生意好些了，送货工具就慢慢改成了三轮车，生意渐渐好起来了，三轮车已无法满足需求，他们就添了一辆面包车来送货。现在已从原来的种子奶小店铺扩张到不同大学9家旗舰店，再后来升级开了一家生产"汉蒌高纤蛋白卷"的工厂。尽管现在有好的轿车开，可凌土梅还是怀念大学创业期开的三轮车和面包车中的苦中乐。那是他们创业从无到有的过程，其中承载着许多辛酸、许多奋斗的光芒。凌土梅从不会骑自行车到慢慢学会了骑三轮车，再慢慢学会了开面包车，而且喜欢上了骑三轮车和开面包车。这些交通工具在城里人看来不值一提，可它见证了一个创业者从0到1慢慢蜕变的过程，见证了一个创业者不分贵贱、自力更生的过程，见证了一个创业者从实际出发一步一个脚印、踏踏实实的过程，见证了一个创业者在困难中积极乐观、勇往直前的过程，见证了生命的蜕变、心灵的成长……用凌土梅的话说："人生生来平等，不负生命，要为自己人生的精彩勇敢地去'奋斗'一回。"

穆浩雄、凌土梅团队先后获得以下荣誉："课间营养豆奶工程"获广东省科技厅立项；"社区营养豆奶工程"获国家级大学生创新创业金奖；支持梅州嘉应大学获梅州市科技奖金奖；获广州市大学生就业指导中心推荐项目；获国家卫健委生命关怀协会嘉奖（为非药物疗法产品）；获广州市南沙自贸区专家评审政府评定为"最营养农产品"；【汉菽】品牌又被广州世界农业博览会荣获为"推荐品牌"。

高纤蛋白苦精研，人类健康的"地基营养"

穆浩雄专注大豆制品研究30多年，心里一直有一个愿望就是推动大豆植物蛋白能成为中国人，乃至世界更多人的重视，让大豆成为人类补充蛋白质能量来源，影响更多的人拒绝吃食动物。为了推动自己心中影响人类的"大豆革命"，穆浩雄先后投入大豆蛋白研究经费700多万元，并成功研发出豆谷类机器"植物奶牛"，将豆谷类放入机器内即可生产出具有牛奶属性的植物奶。

穆浩雄尽管年过七旬，在教学与学术上获得丰硕的成果，但在他心里一直有一件更大、更有意义的事情在等着他去突破。在很早之前，穆浩雄就一直关注人口与土地、人类与自然关系的课题。

人类作为杂食性动物最早以野果、猎物为生，但随着人类发展，日常的野猎生活不能保证正常的生存所需，后来人类发现野生的小麦、稻谷也可以食用，于是就将成熟后的小麦、稻谷捡拾起来。之后，又发现，在将野生的谷子种子装在袋子里背回家的路上，之前漏掉在路上的种子发芽了，结出同样的种子。人类才明白种子是可以再生的，这就是人类发现的第一个秘密——"种子法则"。

古人对食用上的禁忌早有训导。《黄帝内经》引《上经尚时》曰："瘟之至也，非江海鳞甲之类而不生。疫之至也，非虫兽毛羽。"纵观历史，从鼠疫、埃博拉、HIV、SARS、牛海绵状脑病、猪流感等，人类历史上发现的大疫情事实中，人类约70%的病毒性传染病都与动物有关。由于动物与人类身体的相似性及基因相近性远超过

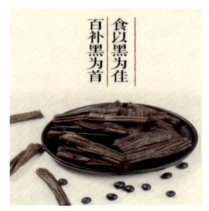

植物与人，因此，许多传染性疾病有"人畜共患"的特点，对于食用野生动物，古人是非常禁忌的。因为在古人看来，食用这些稀禽异兽必会导致被食者某种报复，所以古人早就洞悉了"种子法则"。

🌿 吃食野味潜意识背后的逻辑"人类蛋白质"之战

人类吃食野生动物除有贪婪与寻求刺激的私欲之外，还有一个"大补"的背后是拥有强大的免疫力的心锚。病毒只是让人类致病的导火索，但真正战胜病毒的是人体的抵抗力与免疫力。然而，免疫力的核心元素就是人体所含的蛋白质，蛋白质是组成人体一切细胞、组织的重要基本成分。如果说地球有70%的是水的话，同样人体70%是由水组成的，水占人体质量的70%，另外20%以上是由蛋白质组成的，婴儿体内含水达80%。人的机体所有重要组成部分都需要有蛋白质的参与。

蛋白质是生命的物质基础，是构成细胞的基本有机物。从人类发现木乃伊的科学诊断来看，将一个人放到拎干机中拎干，水分除掉后，剩下的木乃伊中全是蛋白质。现在的科学论断"蛋白质是人体生命结构的最主要来源"，指出90%的疾病与缺乏蛋白质有关。恩格斯说："没有蛋白质就没有生命。"

123

本来人类最好、最安全的蛋白质来源应该来自植物蛋白质，但当植物蛋白质被误认为不能满足人体组织器官功能的需求时，动物肉类蛋白质才被认为是人类最直接来源的考虑。动物经过吸收、消化过程会产生二次"蛋白质能量"污染，又产生了多种寄生虫等致人体传染性疾病。为避免"人畜共患"的毒素，智慧的人类选择并驯化性情比较温和的鸡、鸭、鹅、牛、羊、猪等家禽动物来减少野生动物的传染病源，来帮助人类补充蛋白质。因此，人类吃食动物的背后潜意识还是为了补充蛋白质，增强人体的抵抗力和免疫力。

🌿 还原大豆营养本源能量，让中华民族重新做回大豆的主人

大自然为人类提供了充足、丰富的植物蛋白质。中国营养学会公布，经普查中国人每人每天平均需要补充的蛋白质：每千克体重约0.6克蛋白质（纤维素每人每天25—30克），远远低于标准体重每千克补充蛋白质1—1.2克。对于一般健康成年人，若体重60千克，则每天起码补充60—70克蛋白质，在健身房练身、练肌肉者必须根据体重每千克补充1.5—1.8克蛋白质，以满足自身对蛋白质的需要。

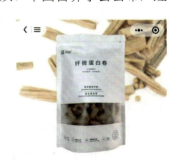

其实，大自然为人类补充蛋白质提供了充足丰富的食物，如大豆、小麦、大米等。其中大豆含有丰富的蛋白质和纤维素。大豆在中国具有7 000年的历史，是中国重要粮食作物之一，已有5 000年栽培历史，古称菽，中国东北为主产区，是一种其种子含有丰富植物蛋白质的作物，是大自然赋予中华大地的恩赐，使中华民族能传宗接代，繁衍种族。由于大豆的营养价值很高，因此，被称为"豆中之王""田中之肉"。

史料记载，世界各国栽培的大豆都是从中国直接或间接传播到世界各地的。美国是在1804年将大豆引入的，在20世纪中叶，成为美国南部及中西部的重要作物。100多年后，美国成了世界大豆的主要出口国，而中国成了最大的大豆进口国。每100克大豆含蛋白质35.1克，是小麦的3.6倍、玉米的4.2倍、大米的5倍，是牛肉的2倍。大豆含有人体自身不能产生而必须要通过外来摄入的9种氨基酸，以及异黄酮、卵磷脂、维生素、矿物质等多种人体所需的免疫力保健功能的能量元素。

穆浩雄汉菽品牌团队坚持遵循的理念是跟着自然走，大道至简回归自然；遵循宇宙万物阴阳规律，以"人以食为天"为天道；以"以人为本"为天理；开发产品时坚持不带任何商业思维，不加任何添加剂，还给植物本来的营养和能量。

汉菽品牌团队的研发方向是以营养调理为准则，以食补、食养、食疗为根本的非药物疗法和药食同源的思路去研发食材和食品。汉菽品牌团队还在进行机器"植物奶牛"的升级开发中，产出的豆谷奶类具有牛奶属性，能替代牛奶而誉为"有生命力的种子奶"。其蛋白质含量100克高达4.83克（特仑苏牛奶最高蛋白质含量3.6%和豆本豆植物奶最高含量3.8%）。目前全球查验还没有看到不添加而达到4.83%蛋白质指标的植物蛋白奶，同时，"高纤蛋白"系列是唯一具有纤维素的平衡营养，具有吸收能力，并且去除了大豆中对人体健康有害的抗营养因子，达到零胆固醇、零钠、低脂，连痛风也能吃。

穆浩雄带领大学生创业走过了艰难历程，他的学生凌土梅曾是华南农业大学大学生创业的标杆。他所创建的项目得到许多奖项。谈起当时经历了无数次设备及工艺的实验的挫折，穆浩雄说："最艰难的时候，当时的心情其实也是很无助与失落的，但当想到实验的进步、成果能贡献世人的健康，去完成初心的使命，觉得什么苦都是值得的。"

如今，穆浩雄研发出持有多项技术专利的机器"植物奶牛"。这种机器"植物奶牛"一天的产量可以等于一头动物奶牛一年的产量，是取之不尽、用之不竭的奶源，并可以将大豆及相关豆谷类加工成天然无添加高蛋白高纤维的豆谷类种子奶，从而配制成各种高品质的豆谷奶系列、纯素酸奶系列、纯素冰淇淋系列、纯素奶酪系列等，是个庞大的生产链。

"民以食为天"让中国人明白大豆的起源是上天为了中华民族的诞生、生存、生命立足地球良性生命力的能量之源。我们的祖先说："一天可以没有肉，但一天不能没有豆。"又把"厨房"的"厨"设计成"无豆不成厨，寸步不离豆"，忠告后代一天不能没有豆。

因此，普及"大豆简史"是大豆文化的传承，将是穆浩雄接下来更重要的"使命"。

主编心语

笔者深深感受到穆浩雄、凌土梅在用使命的力量践行着"还原大豆本来的营养和能量"，让全民能简单、方便、有效地健康起来的这份使命感，也感受到汉菽精神原动力如同大豆7 000年顽强造福中华民族的精神意志一样，深深融入他们为子孙后代营养强健而用毕生让汉菽成为中华民族大豆力量之源的守护者。相信这份"还原大豆本来的营养和能量"的使命感能造福传递更多的人！穆浩雄、凌土梅一直致力于普及大豆简史，推动大豆植物蛋白成为人类补充蛋白质营养能量来源的推动者、引领者、守护者。

赞广州汉菽品牌创始人团队

溯本求真三十年，高纤蛋白苦精研。

珠圆色润田中肉，味美香酥口感鲜。

药食同源通奥妙，阴阳调养贵天然。

爱心接力品牌创，汉菽硒都展大千。

吴鲍葛："五运六气"上医治未病传承导师

从小立志从医"缘与愿"

全国知名专家、"国医楷模"吴鲍葛一生从事医学工作36年。在这36年的时间里拜过多名医学专家为师，只是为了能让老百姓们能够不得病、不生大病、预防病。如今60岁已退休的吴鲍葛多年的医学经验和感人的故事值得我们用心感受其中的奥妙。

吴鲍葛有一个身为护士的母亲，小的时候跟在母亲身边在医院长大。其间，他了解到中医和西医的区别和发展方向，也对医学产生了极大的热爱。只因当时整个中国的医学条件尚不发达，得病的百姓们不得以在短时间里快速地恢复过来，得重疾病的百姓难以甚至无法医治。看着母亲忙里忙外贴心照料着这些病人，吴鲍葛心有体会：如果中国医学能发达起来，母亲是不是就不用这么累了。吴鲍葛心有不甘，在心里默默许下了要让天下百姓有病即治、减少生病、预防疾病的远大志向。

吴鲍葛从小勤奋好学、勤恳努力，只是为了能考上大学。在当时，中国的高考条件严峻，大学录取率只有5%。1980年，吴鲍葛第一次参加高考，他的第一志愿是湖北中医学院（今湖北中医药大学），但遗憾的是并未被录取。一心想上大学的他复读了3年，在1983年的时候考上了湖北中医学院（今湖北中医药大学）中医专业，实现了自己的大学梦，踏上了学习中医治病方法的求学之路。

"上医治未病"，从治疗医学到预防医学

身为20世纪90年代湖北省鄂州市卫生局首批名老中医魏北涵学术经验继承人，吴鲍葛坐专家门诊3年，整理了多位名老中医的医学经验，带领自己的团队治好了不少患病百姓。但有一些老年人患的重病，如癌症、急性病等在

当时无法医治。吴鲍葛的导师曾说："现在的医学技术可以治疗30%的疾病，剩下70%的疾病是不能医治好或不治就好的。"听到这话的吴鲍葛深感现代中医的无助和无能。可这并未难倒他，他开始换位思考，重疾病的发生源于个人平常的健康习惯，如果能让人不得病、预防疾病的发生，就不用承受疾病带来的痛苦了。因此，吴鲍葛开始专攻重疾病的预防和预判及预知的发展方向。

当时的吴鲍葛就开始翻找古代医学典籍查找资料，经过几番查询，最终在《黄帝内经》一书中找到了一种"五运六气"理论学说，这种学说起源于距今2 000年前的古代，是前人总结出来的经验。"五运六气"学说在古代被指认为有字天书，一般没有学问之人看不懂此书，因为"五运六气"学说关乎一个人的生辰八字、出生年月日时辰等，需要上知天文、下知地理、中知人事心理学等，博学多识研究的人才能看懂，一般人是无法熟练运用的。"五运六气"中的"五运"指的是木、火、土、金、水五行之气在天地阴阳当中的一个运行变化，寒暑往来，秋去冬至，循环不已。"六气"指的是风、寒、暑、湿、燥、火六种正常的自然界气候，在生命活动过程中，身体通过自身的调节机制产生了一定的适应能力，从而使人体的生理活动与六气相适应。因此，正常的"六气"一般不易于使人发病。例如，2024年是甲辰之年，甲己化土，湿雨太多，与湿气有关的疾病，以及风湿腰腿痛、湿疹瘙痒、肥胖湿重等多有复发、加重，因此，要提前防范，防患于未然。2025年是乙巳之年，乙庚化金，秋凉气候将笼罩全年，提前使用滋阴润燥的食疗、药膳、茶汤、穴位理疗等技术方法，可以防患于未然，这就是上医治未病、中医治欲病的精髓。治已病是不得已而为之，大病、重病、急病治疗显得捉襟见肘，事后诸葛亮，既劳民又伤财。

127

🌿 拜师精研医术

吴鲍葛41年的寻医经验和36年的从医经验，以及过千例疾病的临床观察非常完美地切合了吴鲍葛的知识领域。为了能掌握医易同源思维临床应用这种难得的机会，他请教了有名的易学泰斗邵伟华和北京中医药大学国学院创院院长张其成。身为张老师的学生向自己的老师说明了自己的想法，老师也对他表示满意和期望，并叮嘱他一定要把国学和中医更好地结合，一个人的生辰八字和五行缺失可以更好地预判、预知和预防

疾病的发生。通过用心钻研和探讨，吴鲍葛研究出"五运六气生辰体质辨识"上医治未病系统与技术。

药分三种，包括上品无毒、中品小毒、下品大毒。吴鲍葛追求的就是这种使用上品无毒之药，用来调理身体的"五运六气先天体质"。这种疗法的出现不仅减轻了医疗费用的支出，而且缓解了病人的痛苦，还可以通过食疗、茶疗、穴位理疗等方法来预防疾病的发生和加重，让人们可以少得病、少生大病。"五运六气"不仅可以处理和预防人身上的疾病，还可以通过这种方式预测包括当年的前后两年的天气变化，空气湿度间接地预知哪些疾病会出现，这也是中医天人合一、天人相应的核心思想。

"五运六气"上医治未病疗法的出现，给人们带来了健康、美好的生活，无疑响应了当下国家卫生政策"以预防为主和健康和谐中国"的有力举措。现如今，吴鲍葛已经退休，但"退休不退志"，依然致力于"上医治未病的'五运六'气的事业"，坚持防未病公益健康讲座分享。吴鲍葛的奋斗精神在践行"医者仁心"、为人民服务路上不断钻研，不断探索。

吴鲍葛在《健康管理》杂志2021年4月刊发表论文《生辰与发病关联381例临床研究》，有效吻合率高达85.3%，说明"五运六气"生辰体质辨识与临床疾病诊断休戚相关，通过"五运六气"生辰体质辨识可以提前预测、预知、预报疾病的病因、病位、病性和发病趋势，而且没有风险和副作用，能得到中医四诊和西医体检的验证，值得广大中医爱好者们学习。例如，五行缺金者，从"五运六气"理论推测

容易感染新冠肺炎，从已经出院的300多例新冠肺炎患者的调查来看，大都与五行缺金、少金有关，得到大量医学科学临床验证。

🌀 健康养生方子分享

调理湿气的食疗方子：薏米30克，扁豆30克，百合15克，茯苓15克，北沙参15克，陈皮6克，山药15克，小红枣6枚撕开去核。

上方按此比例可以多配10副，烘焙打细粉加粳米，或者小米煮粥吃，粗粉煮水当茶喝。

主编心语

　　有人说扁鹊是一位名医，可以治好患有重症之人的病。扁鹊却说："我不厉害，厉害的是我二哥，擅治轻微之病，在没有生大病前有一点苗头就帮你调理好了。更厉害的是我大哥，擅治未发之症，还没有出现问题，提前就帮你预防好了。"

赞"五运六气"上医治未病传承导师吴鲍葛

五运司天脉易融，六经涵育魏门风。

生辰隐疾窥玄牝，仁术春潮涌鄂城。

陈玉莲：茶文化输出者、传播者，茶道研究者

陈玉莲，致力于白茶标准化公信力平台发展，茶文化输出者、传播者，茶道研究者，禅茶文化传播者；拥有千亩核心产区茶园，易墨茶馆总馆主、易墨文化创始人谷子标注沏茶法传承者、茶艺导师，中日和风番茶道文化顾问。

陈玉莲与白茶的"缘"

2008年，陈玉莲认识了芳村一位做茶的姐姐。那位姐姐特别热情，每次都送一饼白茶给陈玉莲。这个白茶，陈玉莲喝着感觉特别奇特，还发现白茶有抗衰、抗氧等养生功能。

中国茶文化里，特别挚爱白茶。在这之前，陈玉莲从事新闻媒体工作，一次偶然的相遇，让她彻底爱上了白茶。2010年，陈玉莲拿出自己多年积攒，买了一座生产白茶的茶山，从此以专注于白茶为根。俗话说："一年为茶，三年为药，七年为宝。"

后来，陈玉莲以白茶为中心开发五行茶（如星期一白茶、星期二红茶、星期三黑茶）等系列茶品。

茶不是"生意"，是有意义的"事业"

有一次，一位老板来到广州易墨茶馆，说呼和浩特那边是大口吃肉、大口喝酒的文化，一小杯一小杯地喝茶对他来说非常痛苦。有一次，他来到陈玉莲的茶馆，陈玉莲告诉对方需要把手机静音或关机，大家盘腿静坐喝茶。陈玉莲用禅茶仪式给他泡茶的时候，他就睡着了，睡了一个多小时。后来他说他在这里睡的这一个多小时，相当于他这一整个礼拜的睡眠，因为他在家里很难进入

深度睡眠状态。

这件看起来不起眼的小事，对陈玉莲的思想启发影响很大。陈玉莲发现当代人们的物质生活得到了满足，但精神生活非常匮乏。比如，一些企业的老板们，每天电话接个不停，其实内心是非常焦虑的，在夜深人静的时候，可能才连接到真实的自己。这件事让陈玉莲更坚定了茶事业的意义与方向。

当今时代很少有人愿意将茶的精神导入生活实践，乃至人格修养中。中国作为茶之源头与茶的故乡发源地，当代人完全可以借助禅茶道重新构建真正的心灵常识和生命桃源。

用一杯茶讲好中国故事

中国是茶的故乡。中国饮茶，据说始于神农时代，距今有4 700多年，历史悠久，直至现在，依然在千家万户中流传。就现状而言，茶叶消费需求目前更趋向于多元化。

消费者对茶叶品类的选择趋于多元化，不再单纯地购买一种茶类，而倾向于多样化的尝试。

消费者对茶叶购买的动机多元化。随着茶叶发展的不断高级化、品牌化，消费者购买茶叶不仅仅是为了自己品饮，还有赠送于人作为礼物的功用。而平时作为接人待客的一种佳品，也能有效地提升自身的品位，营造一种高雅的氛围。这也成为消费者购买茶叶的动机之一。另外，对那些拥有极高资本的藏茶家来说，藏茶自然是他们购进的首选。

消费者对茶食品、保健茶等茶叶相关的消费需求也在多元化延伸。随着茶行业的不断发展，衍生出来的相关产品也在发展。一些比较养生、有利于健康的茶食品、保健茶也随之成为人们热衷消费的对象。

这几点，其实也是茶未来发展的价值。随着这种趋势，也会反过来带动茶行业的不断发展、壮大，让茶文化与茶产品具备更多的属性身份，为茶文化走出国门、走向世界打下坚实的基础。

面对如今秩序混乱、鱼龙混杂的茶叶市场，消费者往往会陷入选择困局，因此，打造一个具有权威影响力，且能够标准化运作的茶叶交易平台尤为重要。在这样一个平台上，一切将井然有序，场景透明，茶叶的属性标签一目了然，可以清晰地溯源产区和年份，而它的价值也很明朗，将形成一套行业标准的价值体系，从而要打造出一个对茶农、茶商、消费者来说都很便捷、真诚的交易平台。

挖掘茶的更大价值

追溯茶的发展，可以分为五个阶段：第一阶段是喝茶、饮茶、饮品之一；第二阶段是汤茶、茶汤、功能；第三阶段是茶艺、茶道、艺术；第四阶段是把茶与禅茶、生命、提升心灵人格修养；第五阶段是易墨团队让茶回到茶的"原点"，把茶的更大价值贡献给更多的人。

当今时代快速发展，人们的心灵中有太多的问题，生活更需要一种滋养。作为中国人，要想心灵上滋养、富足，就要回到我们中华传统文化的"根"上。

茶的意境是在"问答中开示"。日本有一个"卖茶翁"的故事：月海元昭禅师受黄檗宗东渡唐僧煮茶喝茶习惯的启发，在京都鸭川第二桥畔构建茶屋，命名通仙亭，挂匾额"蜗庐"，煎茶（煮茶）卖茶，并向来客谈禅说教，在问答中开示，提倡应该在简朴、清贫中找回失云的自我。有时，月海元昭禅师还肩挑茶具，在京都名胜，如东福寺通天桥边、三十三间堂边、高台寺等地摆摊卖茶。

月海元昭（1675—1763），本名柴山元昭，日本黄檗宗名僧。月海元昭为隐元三传法孙，即隐元传独湛性莹，独湛性莹传化霖道龙，化霖道龙传月海元昭。还俗后自名高游外，外号"卖茶翁"。

月海元昭的卖茶把本来局限于上流社会的喝茶普及到庶民阶层，同时也把局限于寺院内部的佛教说法普及到一般场合，给人耳目一新的感觉。因此，他被民众亲切地称为"卖茶翁"。

要对佛教，特别是禅宗进行解释，历来都是非常困难的事情，笔者水平和修行有限，本文不展开说，只是为了引出"禅茶一味"思想，因为禅与茶的关系深刻影响到日本的"茶道"文化。

茶产品是茶行业的躯体，茶文化是茶行业的灵魂

中国历史悠久，传统文化更是一片广阔无边的海洋，包罗万象，汇聚诸多艺术，囊括百家之言，却又不能一言概之，是汇聚百川河流、包罗万象的。但是，如果真的要以一个为载体，那么茶文化是很合适的。

茶可登大雅之堂，可入富贵之门，也可进贫寒之室。饭桌上有它，会议室里也有它；平民百姓喜欢它，高官政要也喜欢它。它可自饮，也可赠礼，它无国界，没有分别。弹琴时可饮茶，书画时也可饮茶，看戏时饮茶，参禅时也饮茶。茶可入药，也可入心，可俗可雅。它是健康，更是瑰宝，与世无争，又无处不在。想让中国文化走出世界，就需要这样一个支点，把我们的中国传统文化，通过茶文化带出去、讲述出去。

我国是产茶大国，却并非茶叶强国，在这个方面，茶文化拥有很大的潜力。除走向世界之外，我们当然也要让茶文化走近我们自己的生活。

近年来，易墨文化在拓展茶文化与社区物业合作的新模式。通过举办茶会、茶培训、共享茶空间等方式，让茶文化走进千家万户，不仅可以维护促进业主关系，还可以提升物业管理的服务品质，合理使用公共物业空间，增加物业的营收（营利点）。对业主而言，茶文化能提升他们的生活品质、结识邻里朋友，促进小区内部关系的和谐，并获得个人成长，这是一件互利共赢的大美事。

总而言之，不管是茶产业还是茶文化，都是我们民族的瑰宝，但这颗明珠蒙尘已久，想要让它们重新散发出万丈光芒，还有很长的一段路要走。我们相信距离那一刻，并不会太遥远，只要我们坚定而执着地走下去，步履不停，我们终会在顶峰相见！

主编心语

俗话说："一念心起，震动十方！念念不忘，必有回响！"陈玉莲是一位用心的创业者，对每一个起心动念都非常慎重。这份处世的态度是从茶道中修炼出来的。从白茶公信力体系构建者到"文化自信"的传播者，再到以茶为媒"解惑、授业、传道"生命空间导师。对陈玉莲来说，茶已经不再是生意，而是生命修行的载体、提升灵魂的道场。

鹧鸪天·赞广州易墨茶馆创始人陈玉莲

初识白毫纯偶然，芳邻赠饼喜尝鲜。

一芽首日能明目，两叶经霜更护肝。

银似雪，品如莲，倾囊而去背茶山。

清芬半盏留佳客，亦可吟诗亦坐禅。

国粹传播篇

符中建：不孕不育专家

在深圳中医领域，有一位备受瞩目的国医大师，他就是符中建。符中建出生于 1958 年 12 月，来自行医超过100年的中医世家。深厚的家学渊源为他的从医之路奠定了坚实基础。

1982 年至 1983 年，符中建在雷州市人民医院医务股任职，积累了丰富的医疗管理经验。1984 年，他离职前往深圳市长期居住，开启了在这座充满活力的城市的中医事业。符中建在深圳这座城市亲历中医临床已达 40 多年。

在这漫长的岁月里，他凭借着精湛的医术和高尚的医德，为无数患者解除了病痛，特别是在临床诊疗上展现出独特、超前的医疗见解和医疗手段，尤其擅长精准用药治疗各种类型的鼻炎、男女不孕不育症、妇科病、冠心病、脑血管中风后遗症、慢性骨髓炎、肺癌、食道癌，以及宫颈癌等。

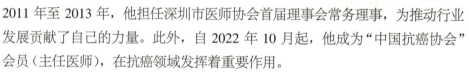

符中建的卓越成就得到了行业的广泛认可。2011 年至 2013 年，他担任深圳市医师协会首届理事会常务理事，为推动行业发展贡献了自己的力量。此外，自 2022 年 10 月起，他成为"中国抗癌协会"会员（主任医师），在抗癌领域发挥着重要作用。

如今，退休后的符中建不仅一直坚持在医疗一线救死扶伤，而且长期参加医务公共卫生公益服务事业，还兼任三家集团公司大健康行业的首席中医顾问，以其丰富的经验和深厚的学识为大健康产业的发展出谋划策。符中建，这位中医界的杰出代表，用他的一生践行着医者仁心的誓言，传承和发扬着中医的博大精深，为无数患者带来了希望与健康，是我们时代的骄傲和楷模。

 **立志做国家栋梁之材**

符中建出生在雷州市一个中医世家，父亲、爷爷都是当地有名的中医世

家，但少年时符中建并不认为自己是干中医这个行业的料，因为他觉得自己的理想更大，以后要做为国家作贡献的栋梁之材。成绩优异的他坚定要考一所名牌大学，并在学习的道路上付出了很大的努力。然而，自己的一个错误举动，让他不得不告别自己的理想，转身做起了中医。

1974年，刚上高一的符中建给毛主席写了一封信，信里的主要内容讲的是反对"文化大革命"。在那个特殊的年代，符中建被误认为是"反革命成员"，学校以此为由开除了符中建。被学校开除后的符中建，深知以后的路非常艰难，甚至无路可走，迫于无奈，只能回家继承祖宗的医学成果。

符中建在家跟着父亲学习中医，有时父亲忙，一些特殊病人需要到家里看病，就派符中建过去。"反革命成员"的身份导致符中建无法继续读书学习。于是，他就给当时的中央领导写信。终于有一天，当地政府有关部门来到符中建的家，说省委领导知道他的事了，给予符中建平反。得益于这次平反，符中建跟着父亲在家自学研究了两年中医，直到后来被推荐到本市的人民医院进行实习，在此期间，符中建系统学习了中医与西医，顺利考取了医师执业证书。现今在中医岗位上已有40多年的学医经验，其中30多年研究的主要是中医内科领域。

在学医的过程中，符中建给许多人看过病，并治好了许多人，看得最多的病是不孕不育症。令符中建印象最深刻的是他的

朋友。有一天，他的朋友找到他，说自己有个患不孕不育症的亲戚，花了很多钱都没有医治好，希望符中建可以帮忙看一下。符中建毫不犹豫地答应了下来，并前往朋友的亲戚家里查看情况。这位女士已30多岁，身边站着她的家人，当看见符中建来的时候，感激的泪水再也隐藏不住。符中建对这位女士进行了诊断，可令他诧异的是，这位女士并没有身体上的病情，一切症状都完好，可就是不孕不育。符中建结合之前的临床观察与经验下结论，是系统性不孕不育症。只需要调理好身体，让身体的各器官与激素协调运作，这种症状自然而然就好了。有一次，符中建返乡探亲，有几个人找到他看病，但符中建并不认识他们，经过一番询问才得知，是符中建的朋友引见的。符中建并不觉得奇怪，看

137

在老乡的份上给他们看了病。朋友的引见与自身的举动引发了连锁反应：门诊的走廊上一下子就多了许多病人。本来赶着当天下午离开的符中建脱不开身，一直看病到晚上12点才得以休息。一整天看病的时间非常劳累，可符中建没有收百姓们的钱，这可能就是执业医师应有的道德修养。

主编心语

　　在专访中笔者发现，符中建是一个非常专注的人，退休后的他还时常义诊，在其本已擅长的疑难杂症领域还在不断研究，不断去探索新情况、新问题。例如，持续发表当代人新鼻炎（环境因素）、新男女不孕不育症（饮食习惯因素）、新妇科奇难杂症、脑血管中风后遗症、慢性骨髓炎、肺癌、食道癌，以及子宫颈癌等病理研究文章。

赞不孕不育专家符中建

雷阳毓秀出岐黄，毓嗣悬壶四十霜。

解缚新疴研未病，仁风早度万家香。

刘大雪：腰椎间盘突出、骨质增生专家，退休军医

刘大雪，1954年出生于河北省北部的一个贫穷的农村家庭。小时候，他看到农村中许多人患病后，因缺医少药而被病痛折磨得痛苦不堪，有些人由于得不到及时救治而失去了宝贵的生命。从那时起，他就暗下决心，长大后一定要学医，当一名救死扶伤的医生，为广大患者驱除病魔。初中毕业后，他报名参加了当地卫校组织的中西医结合培训班，系统学习了中西医结合理论，为今后的行医生涯打下了扎实的理论基础。

1972年毕业后，他光荣地参加了中国人民解放军。在部队这个大熔炉中得到了淬炼，先后担任连队卫生员、营部卫生员、助理军医、军医、卫生所所长、团卫生队副队长、队长等职务，为部队的建设贡献了自己的青春和力量。

1981年，他被部队保送到空军军医学校深造，在校期间多次被评为优秀学员。

毕业后返回原部队，他看到许多官兵由于伞降训练而患上了腰腿痛的疾病，影响了部队参训率。于是，他决心寻找一种简便、效廉的药方，为广大官兵解除病痛。他自费购买了上百本医疗书籍，在完成本职工作的同时，利用休息时间刻苦钻研业务。几十年来，他每天都学习到深夜，勤求古训，博采众方，为探索一些有毒中药的有效剂量和人对其的耐受量，不惜冒着生命危险，亲自服用，亲自体会药物的实际效果。马钱子是一种毒性很大的药物。书中记载，它对腰腿疼有较好的疗效，民间也有"马钱子马钱子，马前吃了马后死"的说法。为了真正掌握马钱子的实际治疗剂

量及毒副作用，他上百次服用这种有毒的药物。有一次他服药过量引起中毒，颈项强直、肢体僵硬，渐入昏迷，幸亏战友们及时发现，经抢救才脱离了危险。经过反复实验，终于掌握了马钱子的使用剂量。在此基础上，他调配出一种治疗腰腿痛的中药方剂，为部队官兵及军营周围群众解除了腰腿痛带来的困扰。刘大雪在部队期间多次荣立三等功，24次受到团、师、军各级嘉奖，被当地政府评为"双拥先进个人"。河南省电视台、开封广播电台都为其做过专题报道。

行医的路上布满了荆棘和艰辛，刘大雪现已70岁高龄，但仍不知疲倦地工作在临床一线，为广大患者服务。

"华佗的医术，菩萨的心肠"

安徽省萧县患者韩洪才，在当地是泥水匠。45岁时患腰椎间盘突出，骨质增生，腰痛明显，活动受限，不能独立行走。为

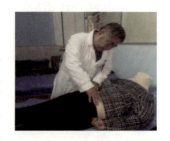

了治病，他跑遍了全国各大医院，收效甚微，花了不少冤枉钱，失去了治愈的信心。一次，他来开封走亲戚时，听说刘大雪能治此病，便抱着碰碰运气的态度，找到刘大雪把病情介绍了一遍，刘大雪根据病情症状，用中医的辨证方法配制了一服中药让其服用。韩洪才服药后第二天，腰就不痛了，症状也明显改善，扔掉了多年的拐杖，跑到刘大雪的医务室，一再要求再配一服巩固疗效。经过两个疗程的治疗，韩洪才彻底摆脱了病痛，回到了家乡，干起了老本行，一直到93岁病逝。韩洪才的家人给刘大雪送来的锦旗上写着："十年沉疴，一剂药除。"

驻地附近20多岁的女青年张秀云患慢性痢疾，经市内各大医院诊治，长年不愈，痛苦不堪，面黄肌瘦，20多岁的年轻人有着50多岁的面容，处了几个对象都没成，心中十分痛苦，甚至失去了活下去的勇气。她找到刘大雪求

治，刘大雪急病人之所急，翻遍中医古籍终于找到了一个治疗虚寒性久痢的良方，给病人配了一剂，病人服后第二天痢疾止住了，腹痛没有了。经过一段时间的治疗，患者恢复了健康，恢复了少女的容貌，重新树立起生活的信心，不久便组建了一个美满的家庭。她逢人便说是刘大雪给了她

第二次生命。这样的病例，在刘大雪的行医生涯中不胜枚举。刘大雪真正做到了医者仁心，为病人解除痛苦。患者称赞他为"菩萨的心肠，华佗的医术"。

主编心语

从军医、法医到退休后持续做医生，刘大雪为得到解决腰腿疼痛解决方案而"以身试毒"，退休后又与老战友知名蜂疗专家薛国圈一起开创全国知名开封蜂疗特色诊疗医院。他们身上不仅有华佗的医术、菩萨的心肠，更有军人的热血报国之情，对人民心怀至诚之心。

赞退休军医刘大雪

悬壶志起杏林芳，虎帐试方千嶂晓。

鹤发犹温百战伤，仁心早化涅槃光。

大医献方

马钱子散加味治疗腰椎间盘突出症

药方组成：

马钱子80克，川乌、乳香、没药、鳖甲、杜仲各100克。

炮制方法：

将马钱子置铁锅内加水适量，慢火煮沸8小时后，取出剥去外皮，切成0.5~1毫米薄片，晒干，炒至棕褐色。鳖甲用盐炒脆，乳香、没药加热去油，其他用生药烘干，将全部药物混合成粉，过100~200目筛，混匀分装成胶囊，约含散剂0.25克。

服用方法：

每晚临睡前用黄酒送服4~10粒。药量从小量开始，每晚增加一粒，至服药后腰部有紧麻感，腰痛加重时则不再增加。药量最多不超过10粒。连服两周为一疗程。每疗程之间宜停药2~3天。待病情完全缓解后，每晚可减服1~2粒，继续服药2~3周，以巩固疗效。

适用范围：

此方为砒性止痛，通络，祛风湿止痛。主治腰间盘突出、骨质增生等引起的急慢性腰腿痛。

注意事项：

1. 服药当晚不宜大量饮水。

2. 服药后可有头晕、眼花等病或腰痛加重等现象，轻者无需特殊处理，反应强烈者可服温开水一大碗或肌注阿托品0.5毫克。

3. 有心肝肾病者宜慎用忌服。

袁斌华：把精准的国粹医学传播世界的中医专家

袁斌华，中医博大思想的坚定践行者，中国中医全科理念的专家，中医走向国际，特别是互联网的积极倡导者。1984年毕业于江西中医学院，1994年毕业于黑龙江中医大学，获中医学硕士学位；1997年毕业于广州中医药大学，获中医学博士学位。

"误打误撞"学医

袁斌华1962年出生于江西省吉安市安福县，从小勤奋好学，立志要用学习改变命运。他是1979年当地为数不多能考上大学的人，那个年代还不是由自己选专业，而是根据分数线分配专业。用袁斌华自己的话说："自己是误打误撞，被分到中医学院去的，服从组织安排。"在那个年代，朦朦胧胧的他没有多少规划，且当时的学校录取也没有按照志愿来录取。只要是挂住本科线的考生，就有机会被本科院校录取。就这样命运把袁斌华安排到了江西中医学院中医系学习。毕业后被分配到江西省安福基层医院工作。在那个基层严重缺医少药的年代，一干就是7年，锻炼不少，积累良多。为了更进一步研究中医，7年后考上硕士，接着攻读博士，更好地将中医理论与临床结合，践行完善自己对中医博大精深理论的理解与研究。

实现从中医全科到更"精准诊疗"的跨越

在临床实践中，袁斌华坚持中医临床至上、疗效为大的原则，坚持中医药临床实践与理论探索紧密结合的思路，执着地求学南北。在广州中医药大学攻读博士期间，在著名中医专家、中医教育家丘和明教授的指导下，袁斌华创制了医院制剂"活髓片"，实现了对癌症放化疗后白细胞下降的精准提升，以及对骨髓造血实现全面改善，深得广大患者的认可和医生的好评，并产生了良好的经济效益，是广州中医药大学附属医院4个销量最好的院内制剂之一。

🌿 中医阴阳平衡理论和生克制化的哲学思想

充满探索精神、挑战精神的袁斌华在本科毕业后又努力攻读了硕士、博士，始终都没有离开中医学这个中心。即便是从事管理也不忘把中医学中管理生命健康的理论贯穿其中。数十年的理论研究和实践探索，更加坚定了他不仅要自己做好中医，更有必要大力推动中医走向世界，使之更广泛地造福于世界民众的决心。

143

无论走到哪里，袁斌华都会孜孜不倦地联合各路中医药精英，为中医药走向国际，中医药互联服务的建立与开放鼓与呼，即使是应邀去国外交流，也不忘悬壶济世，推广中医药文化。

在袁斌华看来，中医实际上不仅对慢性病有优势，而且对大病、急病、重病也有很好的效果。在西方医学未传入之前，古人就是用中医药来应对危急重症的，当下其实更有条件，只要我们真正以患者为中心，以生命至上为宗旨，中医、西医摒弃门户之见、观点之争，第一时间携手，均能在许多领域大大提高危急重病的抢救成功率，降低并发症和后遗症的发生。

💚 主编心语

在与袁斌华交流的过程中，笔者深深感受到他不仅是一位对中医具有深厚情怀，内心怀揣着"让中医走向世界，向世界传播中医"的使命感、紧迫感的人，更是一位敢想、敢干、敢担当的人，不断用行动验证自己初心的人。

卜算子·赞中医专家袁斌华

谁个学而优，谁又情如火。橘井芳熏四十春，精育花千朵。

复杂病根寻，笑解眉头锁。妙术仁心济众生，一举知因果。

胡庆余堂：百年基业"江南药王"

百年"江南药王"

胡庆余堂始于清同治十三年（1874年），由当时大清首富"红顶商人"胡雪岩在事业鼎盛之际，在杭州著名风景区吴山脚下大井巷创建。店名出自《周易》"积善之家，必有余庆；积不善之家，必有余殃"，既合胡雪岩开药店之初衷，又与药号的营业特色相称，宗旨是济世救人，距今已有150年历史。

经过150年的苦心经营，胡庆余堂成为名闻天下的药店，具有"江南药王"之美誉，也有"天下药店两家半"之说："北有同仁堂，南有庆余堂，广州的陈李济算半家。"

尽管沧海桑田，世事多变，胡庆余堂在经历150年来历史时代的动荡沉浮，见证了历史时代兴衰与变故、黯然与焕然、新生与繁荣。然而，无论时代怎样变化，胡庆余堂的招牌如初，风采如故，百年基业没有动摇。

百年长寿"江南药王"的"秘诀"

胡庆余堂以悬挂牌匾著称，堂堂有匾，柱柱有联。胡庆余堂古建筑别具一格，是现今保存完整而少见的工商业性古建筑群。进入胡庆余堂仿佛进入一座千年书院，可以看到胡庆余堂院内的古风文字，让人感受犹如一座百年学府。营业厅门口悬挂着一长溜黑底金字的丸药牌。这个牌上不但标明了药名，而且标明了这些药的主治功能。

胡庆余堂众多的匾额都是面向顾客的，唯独有一块与众不同，它面朝店

144

内，藏而不露，是专让自家员工看的。这就是胡雪岩在清光绪四年（1878 年）亲笔跋文的"戒欺"一匾。这块溜黑底金字牌匾高悬于大厅堂，被奉为店训。匾曰："凡百贸易均着不得欺字，药业关系性命，尤为万不可欺。余存心济世，誓不以劣品戈取厚利。惟愿诸君心余之心，采办务真，修制务精，不至欺予以欺世人，是则造福冥冥。谓诸君之善为余谋也可，诸君之善自为谋也亦可。"这一段牌匾写的意思如下：做生意不可欺诈，尤其药业。希望大家体谅我的苦心，采购药材要地道真货，制作成药要精益求精。这样既是对我负责，也是对自己负责。

坚守百年"定海神针"

创始100余年后的胡庆余堂，在1981年进了一批珍稀麝香。当时，滋补药品"人参再造丸"和治疗性药品"六神丸"都等着麝香下料，就利润而言，后者远不及前者。胡庆余堂却把麝香全部投入了六神丸，只因为六神丸是城乡居民夏令必需品。

2008年前后，燕窝是胡庆余堂参茸商品中的一个重点，在每年不到1亿元的销量份额中占到30%—40%。当时，胡庆余堂赴血燕产销地印度尼西亚、马来西亚等地进行实地考察，发现当地的血燕产品存在造假现象，随后，胡庆余堂毅然决定不再销售血燕。在同行赚得盆满钵满之时，这样的选择让胡庆余堂承受了不小的压力。2011年8月，央视曝光血燕造假之后，多家企业被查处。坚守百年店训"戒欺"，既是胡庆余堂应对不确定变化的"定海神针"，也是胡庆余堂穿越时空长寿的企业秘诀，不是偶然而是必然。胡庆余堂被称为当得起"中国药王"的角色。

正是由于一代又一代胡庆余堂人坚守"戒欺"这一经营信条，才把这家药店打造成长寿企业，成为与北京同仁堂比肩齐名的行业"南北"翘楚。

守护基业长青"使命与价值观"

在胡庆余堂大堂的正中央悬挂着胡庆余堂创始人胡雪岩头戴花翎、胸挂朝珠、身穿官服的"红顶商人"画像，"庆余堂"三个黑底金字匾高挂在画像上方，两旁有一副对联："益寿引年长生集庆，兼收并蓄待用有余。"以尾字联手法将

145

"庆余"两字包含其中。画像前的供桌上摆着两盆盛开的大蕙兰花、水果和糕点。画像两侧还有醒目的青龙招牌，所谓青龙招牌又称"青龙匾"，竖写在黑漆底子上泥金的四个大字，表示其行业特色，这里是一副"饮和食德"和"俾寿而康"对联，意思是饮食合理，有规律才能健康长寿。招牌立于药柜的首头，一眼当堂，顾客进门，抬头可见，只要"和德"入腹，疾病哪有不愈之理。

大堂前还有一块胡雪岩亲自题写的大匾"真不二价"，两边的廊柱上有柱联："庆云在霄甘露被野，余粮访禹本草师农。"对联字体刚雄遒劲，不仅道出了中药采集的艰辛、加工的有据、制作的集成，而且运用首字联将"庆余"两字包含在对联之前。

胡庆余堂门楼上"是乃仁术"的匾额题字也是胡雪岩留下的，表达了胡庆余堂创办药业是为了济世、广济于人。这四个字出自《孟子·梁惠王上》："医者，是乃仁术也。"这反映了当时就有难能可贵的诚实守信和治病救人的仁义信条。在百年以后，胡庆余堂一直铭记着这一祖训。

2003年春夏之交，一场突如其来的非典袭击杭州，抗非典药一天卖出3万余帖，而配方急需的金银花等中药材供应价飞涨。胡庆余堂传承弟子、胡庆余堂掌门人冯根生当即拍板承诺：哪怕原料涨100倍，也绝不提价一分。为此，胡庆余堂亏损50多万元。《人民政协报》头版刊登了评论文章《向冯根生致敬》。

可见，作为拥有100多年历史的胡庆余堂，在其经营过程中所作出的正确决策，坚守牌匾"戒欺""余存心济世""是乃仁术"企业经营理念与使命、价值观。

🌿 与时俱进，做久比做大更重要

20世纪90年代后期，胡庆余堂力行改革。1999年，企业改制为杭州胡庆余堂药业有限公司。胡庆余堂企业主体搬迁至美丽的钱塘江畔，成为当地高新技术企业。胡庆余堂继承了南宋官办"太平惠民和济药局"的局方，在中医发展中将传统方、名医验方、秘方作为基础，生产产品有丸、散、膏、丹、曲、露、油、酒、片剂、胶囊、颗粒剂等剂型数百个产品。

胡庆余堂的改革是微改革，几乎看不到什么新模式、新战略、新亮点等。因为胡庆余堂对新开几十家或几百家门店，新增营收多少亿元根本不屑一顾。不是没有想过，但这样的事情不能干。此前有同行在加盟店上出过事，摊子一大就管不住产品进货渠道质量，结果损害了百年老字号的品牌。对于新模式，胡庆余堂是非常谨慎的，因为做久比做大更重要。

这就是老字号基业长青的秘诀，在做快和做长之间，胡庆余堂选择做长。胡庆余堂秉持百年店训"戒欺""是乃仁术"的根本，以清心寡欲的心态及"宁做贵族，不当富豪"的傲骨依然保持旺盛的生命力，在消费者心目中地位超然。在杭州西湖之滨，历经150年的胡庆余堂每天依然顾客盈门。

主编心语

流转的年华，不变的药王，是乃仁术，胡庆余堂。

企业文化是企业的精髓，就像盖楼，地基一定要打好，才能盖得更高；企业文化就是企业的地基，脚踏实地，一步一步踩结实才能屹立不倒。

胡庆余堂问世之后历经百年仍然屹立不倒，正是因为其所遵循胡雪岩在立业之初所制定的立业根本：仁术为本，竞争有道，戒欺立业。做生意要讲谋略，但不要有欺诈；可以追求利润，但不应不择手段。否则，生意不会长久。

赞"江南药王"胡庆余堂

吴山鼎峙托红云，仁术悬金戒欺楼。

百五春秋青囊满，江南药王济世舟。

147

台风集团："康养"美容美发机器设备制造行业的隐形冠军

传承84年的"工匠精神、工匠产品"

对比中、日两国的百年、千年企业就可以看到其中明显的差别，中国的百年、千年企业实在少得可怜，甚至有说法，看中国唐朝企业去日本，看中国宋朝企业去中国台湾，因为甚至于台湾的百年企业也是超过中国大陆的，我们的访问团带着疑惑和为打造更多中国百年企业的使命去到了目前驻扎在广州已经有84年历史的企业——台风集团。一走进工厂，映入眼前的就是"百年台风，匠心传承"八个大字，致敬张宏杰先生1936年成立的台湾台风电机制造公司。台风企业是整个亚洲地区也是台湾第一家从事美容、美发仪器生产的企业。这家企业的董事长郏桂秋告诉我们，那时张宏杰老先生是做电吹风起家的，是纯手工打造的工艺，像宋美龄如此当时声噪一时的人也是一直使用台风的产品，其中小吹分、焗油机、大风筒这些经典的产品红极一时。1988年，郏桂秋和爱人张聪明一起把美容仪器带入了大陆成立广州台风美容美发器械公司。办企业时也有很多曲折，因为那时台湾的企业不能直接进入大陆，需要转到第三方或香港才可以进入大陆，因为那时大陆是没有美容仪器的，最终他们排除这些困难并成功将其产品引进大陆。可以说是改革开放后最早进入中国大陆做生意的台商。熟悉郏桂秋和张聪明的台湾朋友打趣地说："如果邓小平同志还在的话，一定会给张聪明颁发一个'美容之父'的奖。"2008年变更为广州台风生物科技有限公司，2016年变更为广州台风医疗科技有限公司，随着网络时代的到来，台风集团未雨绸缪地提前5年转型为互联网大健康产业，致力于将更多的健康产品带给国人，在筹备2年后的2017年成立广州台风网络科技有限公司，并于2019年成立广州台风大健康产业有限公司。近年来，邴桂秋一直致力打造一款改善人体免疫力的细胞理疗设备。这款叫作"热疗仪"的设备使用细胞共振原理达到祛寒湿、通经络、养气血等功效。这台设备的设计源于中国传统中医理论的"百病脚底生、万病来自寒湿"。这台设备通过祛寒湿帮助了太多的人，包括中风的人。在邴桂秋的案例中，有一个中风18年腿脚没有知觉的人，使用一个星期后就有了知

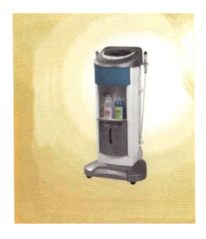

觉，第二个星期就可以下床走路。其实就是运用中医祛寒湿打通经络使血液循环的中医理论。台风企业生产的"热疗仪"现在已经成了各大美容院的必备产品。

台风集团1936年在台北市创立"Taiphone"品牌，缔造了亚洲第一家从事美容美发器械研发生产的工厂，既是亚洲第一家手工手握吹风筒的生产企业，也是亚洲第一台小铜壳电吹风的生产企业。小巧的设计、优质的品质获得大众好评。其产品后入户台湾美龄公馆，深受宋美龄女士的喜爱。创始人张宏杰最早从事一种"小铜壳电吹风"手工手握吹风筒的研发制作工作。1974年成立美国台风电机制造公司，第二代接班人张聪明1988年成立广州台风美容美发器械公司，正式将业务拓展到中国的美容美发设计制造事业。2016年更名为广州台风医疗科技有限公司。现任公司董事长邴桂秋已经是第四代。

台风企业也是台湾第一家从事美容美发仪器生产的企业。企业生产的吹风筒产品在1975年成功出口到美国、日本、英国等，并在美国成立了美国台风公司。台风集团1992年在广州白云区投资1 000万元，建立了占地面积14 000多平方米的生产基地，成立了中国台风美容美发器械有限公司。在80多年的生产经营中，企业始终以传承工匠精神、铸造民族品牌为集团奋斗的使命信念，在吸收国际先进技术的同时，不断创新发展，拥有业界多项技术创新发明专利及产品功能、外观效果等发明专利及奖项。企业在1995年就通过了ISO9001国际质量体系认证，2002年通过3C及多项国际安规认证。

🌿用科技消除人们心中的"病毒的雾霾"

2020年疫情期间，武汉急需各种医疗物资，其中也需要快速测量人体体温的体温计，台风集团董事长邴桂秋知道自己工厂生产的"按键式体温枪"可

以帮助医院相关执勤单位快速测量体温，第一时间就投入人力开厂生产。疫情期间邴桂秋向武汉捐赠价值100万元的医疗物资。台风集团自创立以来一直永葆工匠创新精神，在创新中不断优化与创新，不断研发新产品。针对日常餐饮消毒及公共卫生消毒难的痛点，台风集团研发了LED扫描式深紫外线消毒仪。这种消毒仪不产生臭氧，不产生二次污染，不需要添加任何

化学药剂，可以用于餐具消毒柜，洗手间洗手后"扫一扫"即可全面杀菌消毒。未来，这种产品可用于空调吹风口、中央空调等公共及家庭生活。用邴桂秋的话说："用科技消除病毒带给人们心中雾霾。"

做百年企业，传承工匠精神

84年的历程也不是一帆风顺的。邴桂秋经历的2003年非典、2008年金融危机，还有本次疫情等重大事件都对其公司产生很大的冲击力，尤其是2008年国际金融危机致使公司负债累累，一度面临倒闭，但是依靠着供应商们的信任，还有员工们的不离不弃，

公司得以顺利度过那道坎。其中最重要的是邴桂秋自身强大的信念，邴桂秋告诉我们，在台湾一家面店可以传承6代人。为什么中国的百年企业少之又少？主要是因为没有长远的经营理念与使命。例如，很多做苦力、用劳动力挣钱的家长不愿意让孩子长大之后从事自己做的这份工作，觉得自己的工作不够体面也没有丰厚的报酬，而相比于这些社会底层人员，那些有钱、生活在社会中上层的人也有幸福的烦恼，因为他们的事业，自己的孩子不一定感兴趣，觉得自己的父母做的行业太苦、太累。原因是他们从小就没有感受到父母做这份工作的价值与意义。有的父母不相信自己的孩子可以吃得了这一份苦或是不愿意看到孩子再去吃这一份苦。例如，日本丰田公司会组织孩子参观工厂，让孩子了解汽车是怎样制造出来的，自己的父母是怎样工作的，从小培养孩子对工作的兴趣与认知。就如著名相声演员郭德纲就曾多次说过："这就跟我当初不愿意让郭麒麟说相声的道理差不多，太难了！太难了！这个过程，我亲生的儿子，

我让他受这么大的罪，我舍不得！"因此，他们总会希望孩子可以找一份舒舒服服的工作，并且总是有这个能力轻松做到。其实，日本、荷兰等一些发达国家的孩子从小会去了解父母的工作环境，从小就知道父母是做什么的，在为家庭、社会、国家做着什么样的贡献。

在中国，人们总是有了大病才去医院检查和治疗，医院的确可以解决很多大病，但无法治疗的是很多亚健康患者。中国新闻报道，2019年，中国有75%的人处于亚健康状态。因此，邵桂秋抱着为人民健康幸福生活的目标一直在坚持着贡献自己的力量。古往今来人们都说扁鹊医术高超，妙手回春，殊不知扁鹊家族三兄弟都医术高明。扁鹊说："我的二哥医术比我厉害，轻发治病。"二哥说："我不厉害，我大哥医术厉害，未发而治。"用邵桂秋的一句话说："我们就是在做未发而治的事情。"邵桂秋自己也从几年前就开始每天固定2小时健身，为自己的后半生做规划，用身体力行的方式影响着更多人开始重视亚健康，重视自己和家人的身体。邵桂秋说："我们的使命是要成为提高中国人民身体健康的推动者和践行者。我们一定会打造属于我们自己的民族品牌并且将我们的民族精神传承下去。"

默默走过84年，只为传承"工匠精神"行业的隐形冠军

台风集团秉持品质第一、客户至上的经营理念，拥有大批专业的技术人员和管理人员、先进的检测设备、完善的品质保障与售后服务体系，实现了企业技工贸一条龙的良性运作。秉承以市场为导向、以科技为动力的经营宗旨，台风集团的产品，无论性能、外观效果不是价格，都处于业界领先地位，具有强大的竞争能力，也是一家默默支撑美容健康行业仪器的背后缔造者企业。

台风集团旗下的公司主要以专注美容美发及康养设备制造为主，从第一台纯手工电吹口筒到现代健康康复用的热疗仪、超声刀、经络按摩仪等400多种康养设备，也是众多国外知名品牌定制康养设备加工生产企业。例如，台风医疗设备公司生产的热疗仪设备，对亚健康人群常出现的寒、湿、气等影响健康问题具有很好的康复作用。从治病到防病，从人生病时的被动检测到主动检测，台风集团在84年创业历程中一直在蜕变，在专注自己本领域的同时不断与时俱进地进行自我优化与创造。台风集团长期以来一直专注于

于功效型产品的研发与制造。在行业中有"美容仪器制造之父"的美誉。关于企业传承，在访谈中邴桂秋是这样看待的："会尊重孩子的想法，不一定要传承给孩子，也可以传承给职业经理人。在公司内部找一个非常有匠心精神的人来继承这个百年企业，并把台风集团的匠心精神一直传承下去。"

主编心语

邴桂秋和企业家族成员身上具有一种有先见之明、创造先锋的企业家精神，用精打细磨的工匠精神打造民族品牌产品。为了保护企业的客户利益，台风集团从不把产品放在互联网上，始终做一个在背后默默贡献付出的开拓与制造的缔造者。

台风集团在美容仪器行业具有"美容仪器之父"的美誉，80多年来坚持产品是王道的经营理念，始终以产品精工制造为企业生存之道，成为众多品牌商产品的代工厂。对于为什么不自己做产品品牌营销选择，邴桂秋是这样回答的："做好自己的本分，让别人也赚钱，用制造帮助客户实现品牌梦想。"

赞广州台风医疗科技有限公司张聪明、邴桂秋

电吹秀发彩开头，小巧机筒解客愁。

四代勤耕成典范，百强隐冠展宏猷。

首推康养前沿领，永葆春华健笔讴。

八十四年圆一梦，匠心赓续著风流。

中医传承篇

何文娟：顾氏截根疗法传承人、"慢病快调"护师、赵凤林

非遗古法美学调肤第六代传承人

何文娟，专注于疑难杂症的"慢病快调"特色康复调理事业，致力于经络康复学理念传播，国医大师卢芳医术继承人暨顾氏截根疗法传承人李保平的弟子，顾氏截根疗法传承人。

🌿 立志学医与学医后的困惑"尴尬"

何文娟出生于四川省蓬安县一个普通家庭，从小就想做一名"白衣天使"，为人们解决病患之痛，在选择专业时误打误撞选择针灸护理专业。

何文娟2004年毕业于重庆三峡高等医科大学针灸护理专业，毕业后选择在广州的一家医院从事护理工作。何文娟的父亲退休后出现中风，经确诊为脑梗，同时还伴随着血管硬化、前列腺、高血压等其他疾病。吃药后出现失眠，半年多处

于半睡半醒的状态，多方寻医不见好转。这让学医的何文娟开始自责起来，学医以来竟然连自己父亲的病患都救治不了。后来，何文娟决定靠自己，由于读书时的学习内容以西医理论为多，因此，决定钻研中医理论来帮自己父亲康复调理。从中医"排浊"理论来看，人的大多数疾病都与寒、湿、淤、堵、毒形成浊气有关，唯有把人体积聚在体内的毒素及废物排出，真正健康要从"根"上去解决健康问题。这些废物和毒素可能是由日常饮食习惯、生活环境、不良生活习惯等因素造成的。何文娟从通经络入手为父亲进行经络、脏腑等"剖经"疏通，经过3个月的精心护理，父亲中风后头晕、睡昏症状等症状消失，身体得到了很好的康复。

🌿 "经络调，百病消"，让每个家庭都有一个懂经络的调理师

有一天早上，一位大姐给何文娟打电话，说自己肚子很痛，没胃口，也不能去上班，不能活动，蜷缩在床上。何文娟问她能否出来工作室，这位大姐说

太痛了，不能出去。何文娟就问她家里是否有人。她说她老公在家。何文娟就告诉她找到腹部最痛的点，再去找腰骶部跟腹部这个痛点相对应的痛点去点揉，按摩这个痛点。挂了电话，何文娟就去忙了，等过了大约半小时，何文娟就见到这位大姐自己开车来到了工作室，何文娟当时就很惊讶。这位大姐说："没那么痛了，自己就过来了。"

之后何文娟就帮她再用这个方法系统调理，找到腹部最痛的点，跟腹部痛点对应的腰背部、腰骶部的最痛点，进行点按、疏通经络、艾灸，经过两个月经周期，这位大姐就不再痛了。又过了五六年，再次见到大姐时，她告诉何文娟，从那以后再也没痛过了。

　　还有一位有多年肝功能异常的中风患者，多方寻医后，康复状况并不理想，后来找到何文娟调理。何文娟发现他的中风其实不是某一个点堵得厉害，而是他身体整个血液系统的淤堵比较厉害，肝火旺且气不顺。何文娟采用非药物疗法，用中医经络理论先从肝肾着手康复调理，将肝火降下去，也就是给肝泻火，用这个方式给身体脏腑进行经络调整。这位肝火旺的患者的肝火降下去后，排

155

出一种墨绿色的排泄物。此后，睡眠质量提高了，其实这种墨绿色的排泄物就跟肝脏有关。同时，这位患者还有强直性脊柱炎，颈部脖子动不了。从中医角度看，这跟心肺有关，心肺的根本在肾，肾气上不来到达不了颈部，导致他的颈椎长期供血供氧不足，从而导致脖子疼痛。何文娟给他做肝脏、肾脏的经络调理，3个月之后复查，肝脏功能完全正常。

致力于疑难杂症的"慢病快调"特色康复调理事业

　　何文娟在多年临床调理护理经验的基础上积累及整合"慢病快调"方法和工具，形成了自己的特色康复调理品牌。2004年大学毕业后，何文娟先后就读广州医科大学护理专业，拜名老中医学习康复调理技术，投身中医，学习中医，从事中医非药

物疗法，经络调理各种常见病及慢性病，如糖尿病、高血压、中风后遗症、慢性肝功能异常、妇科慢性盆腔炎、妇科炎症、痛经、月经不调、乳腺增生、乳腺肿块、体质虚、怕风怕冷、男性前列腺问题、青少年增高等，以及各种慢性疼痛。

🌿 顾氏截根疗法第五代传承人

前几年在参加学术会议的时候有幸认识了中国中医科学院学部委员、国医大师卢芳医术继承人暨顾氏截根疗法传承人李保平。此后，何文娟系统学习顾氏截根疗法，学习了李保平在治疗疾病上的很多方法和技巧。在遇到康复调理问题的时候，何文娟经常会请教李保平，学到了很多帮助人解决病痛的方法与工具。

学习顾氏截根疗法后，何文娟最大的感受就是见效快。从事医疗、工作的可以使用针刺法去刺激；不是从事医疗的，可以用截根疗法理论进行点按穴位，疏通经络。它的原理就是疏通经络。人的经络系统有十二正经、十二经筋、十二皮部等，截根疗法是刺激皮部。疏通经络的过程一定会同时疏通皮部、经筋、筋膜等。堵塞的经络都会有表现的，比如颗粒状、条索状、云团状，把这些部位进行疏通后，气血运行通畅，达到调理气血、活血化瘀、平衡阴阳、调理疾病的目的。

💚 主编心语

何文娟专注于疑难杂症的"慢病快调"特色康复调理事业，致力于经络康复学理念传播，致力于将"经络调、百病消""上医治未病、上医善调"的理念传递，让每个家庭都有一个懂经络调理的康复师，使命是成为健康中国疑难杂症"慢病快调"康调养护一站式康复调理中心。

何文娟以中医"快调"为理念，用中医古法"剖经术"非药物疗法，调理慢性病。

鹧鸪天·赞顾氏截根疗法传承人何文娟

天使祥临蜀地间，孝心救父细探研。

剖经排毒需循本，顽疾截根济世篇。

调杂症引领前沿，银针一寸保平安。

倾情理疗多仁举，远客争相为代言。

罗婷：顾氏截根疗法传承人、针灸专家

罗婷，2014年毕业于湖南中医药大学针灸推拿专业，从事针灸推拿科医师工作10年。现为顾氏截根疗法传承人、中国民族医药学会科普分会副会长助理、广州市花都区民营医疗机构协会副会长助理、国医大师卢芳（广州）传承工作室专家助理。

罗婷擅长截根疗法操作、中药针灸并用、埋线及放血疗法。治疗肿瘤术后调理、肥胖症、颈椎病、腰椎病、坐骨神经痛、风湿类风湿、头痛、偏头痛、中风偏瘫、肩周炎、面瘫、胃炎胃溃疡、月经不调、痛经等疾病。

中学时立志学医

罗婷出生于湖南省一个普通农村家庭，在读中学的时候，爷爷患了尿毒症，又误食大量蚕豆（别名：豌豆、兰花豆、坚豆、胡豆）导致病情恶化。后来，罗婷才知道肾病的人是不能大量食用豆制品的。看着爷爷经常要去医院做透析，当时罗婷心想要是自己懂中医就好了，也能帮爷爷看病，于是，立志自己要做一名医生。

与顾氏截根疗法的"缘"

从湖南中医药大学针灸推拿专业毕业之后，罗婷就一直在医疗机构从事针灸方面的工作，但总感觉不太满意，有段时间非常迷茫，经常去图书馆去学习、查找资料。

有一天，罗婷突然在书架上看到有关截根疗法的书，当时很好奇：截根疗法是什么呢？怎样操作的？是针对治疗一些什么样的疾病呢？出于好奇，罗婷就买了一部回去，在好奇心的驱动下，她翻开了那部书的第一面。从翻开第一面开始，罗婷就觉得这部书里面讲的东西太好了，包括从疾病的适应证、中药的方剂到具体的穴位、操作方法都非常详细。当时，罗婷脑海里就有一个苗头说："要是能认识这位李老师就好了。"后面罗婷在网上搜索，才发现，原来截根疗法是中国非物质文化遗产的一个项目，而李保平是截根疗法的著名专家。

罗婷在网上搜索得知，李保平在广州市花都区开有中医诊所，自己也在广州，离得比较近。后面通过一些方法，上门拜访李保平，希望李保平能给自己一个求学的机会。罗婷的运气非常好，也很荣幸，得到了跟随李保平一起学习的机会。通过这两年跟李保平学习，发现李保平对待病人是非常负责任的。李保平说："患者把生命交给了我，我必须得对患者负责。"李保平对待工作也是非常严谨的，罗婷平常有很多

问题去问，李保平很耐心、细心地去教导罗婷这些学生。李保平是一个对事非常严谨的人，对罗婷等学生们的要求非常严格。随着医术的不断提升，罗婷感受到，一个人一生中遇到贵人的机会不多，自己非常荣幸能跟随李保平学习，非常感谢李保平的用心教导，也感恩自己能在这个团队。

● "刺血治百病""顾氏截根疗法"既能治杂症，也能"慢病快治"

跟随李保平学习的过程中，罗婷印象中最深刻的就是一位中风患者。他当时是第一次中风，找李保平调理后，后遗症减少到最低了。那一天，罗婷在跟诊，李保平嘱咐他说："回家以后大鱼大肉、酒千万不要去沾了，而且要注意情绪，不要经常生气。"结果那位患者可能觉得自己好得差不多了，一时大意，又

大鱼大肉，又喝酒，引发第二次中风。当时他的家属带过来找李保平调理，李保平给出的方案是中药调理，加上截根疗法。截根疗法每次选取2个穴位，然后在截根的小刀口上拔罐，把里面的瘀血吸出来，隔天一次。半个月左右，那位患者反馈说这个方案好像效果不太理想，要不要更改方案。罗婷记得李保平当时很明确地说不用，就按照这个方案执行，到两三个月的时候，肯定会有效果的。然后罗婷按照李保平的医嘱严格执行，按照李保平的要求来操

作，真的在两三个月左右，患者的病情变化很大。患者家住2楼，每次下楼，需要在家属的帮助下花个十几分钟的时间，两三个月之后，走路500米左右只需要10分钟的时间，而且面色、胃口都非常好。到目前为止，第二次中风有一年多了，但他西医这块的指标，如血压、血糖、血脂都非常理想。一般心脑血管方面的疾病，很容易有颈动脉斑块的发生，而这位患者的指标都很好。

● 致力于顾氏截根疗法传承与诊疗事业

中医学认为，气血是人体生命活动的基本物质，一个人如果气血逆乱或涩滞不畅，那么百病萌生。中医古法的刺血疗法能祛瘀生新，使经络通畅，可以有效使人的气血冲和，从而治愈疾病。顾氏截根疗法的刺血疗法可以有效、快速地解决常见病，甚至对一些疑难杂症有令人意想不到

的疗效。罗婷大学学的是针灸专业，但顾氏截根疗法和其他刺血疗法不同，更注重精准选穴，特别是操作用穴要做到精准。在跟随李保平的学习中，李保平给予罗婷细心的操作指导，让她在刺血疗法上进步非常快。

顾氏截根疗法与众不同的特色之一在于它的原理。从中医理论来说，皮肤通过经络与五脏六腑紧密相连，有十二正经，都是走脏腑的，经脉有十二条，皮部也随之分为十二部分，叫十二皮部，而截根疗法就是走皮部。在人皮下比较表浅的位置，也会有一些相对应的点，皮下会有很多白色的纤维，通过"截"的手法，把它截断。从中医学的角度来说，通过刺激特定穴位，激发人体脏腑组织功能的转化，相当于疏通经络，调节阴阳。从西医学的角度来说，就是提高免疫力，引发机体的一系列特异性免疫反应。这就是它的原理。

♥ 主编心语

罗婷是针灸方面的专家，又得到李保平顾氏截根疗法亲传，是带着大爱与悲悯之心去学习的。

赞顾氏截根疗法传承人李保平传承弟子罗婷

拜师学艺不为名，针灸推拿术业精。

磨剑十年锋利出，非遗赓续谢恩情。

巫兰芳：赵凤林竹罐呼吸疗法"中医调肤"第六代传承人

来自江西萍乡上栗的巫兰芳（芳芳），同大多数女生一样是一个爱美的女人。芳芳记得自己小时候超级喜欢倪萍，觉得她美丽有才华。小学三年级开始，芳芳就开始外形模仿，梳像她一样的头发，看课外书、故事会及各种杂志。让芳芳最难忘的是初三的暑假，因为脸上长了几颗好像扁平疣一样的颗粒，开始问身边的大人要土方，找各种书籍看，最后终于在一部古籍上找到一个处方，然后用纸抄下，拿去中药铺抓药。药店老板问芳芳这是什么方子，她跟药店老板说："这是秘方，不外传的，您抓药就好，回家我自己研磨。"抓药后，芳芳又是晒药，又是找研粉的工具，最后弄到脸上整个脱皮。现在回想起来，那时的芳芳就不知道是哪里来的自信，整个人很淡定，没想过会不会毁容，只觉着一定会好，不过让她左右折腾后，皮肤还真好了。

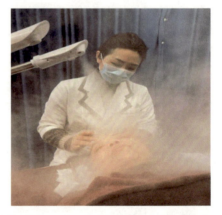

芳芳其实一直都很喜欢美业这个行业。从小孩到步入社会，再到三个孩子的宝妈，芳芳都一直在这个行业里发展，让自己受益变美的同时，也可以帮助更多人变美。

三年疫情让芳芳的身体有点吃力，刚好朋友唐糖开启了中医大健康调理，用中草药油膏帮芳芳调理好身体的同时，也让芳芳开启了中医探学之路。在学习中医理论知识的道路上，芳芳遇到了一群志同道合的朋友，也偶遇了自己的师父、双中医世家传承人李新，就拜她为师。李新深耕中医调肤17年，她的一句话"无论怎么做，我们的皮肤都不会做坏，就是中医的魅力"让芳芳决定了跟随李新的脚步，掌握中医皮肤康复调理这项古法调肤技艺。

遇上师傅的时候，也是芳芳皮肤至暗时刻，当时她的皮肤是褐青色素、黄褐斑的混合肌，之前有找美容机构做过各种祛斑，花了钱也没有彻底解决，中间痛苦也难受。就这样，芳芳的斑点不但没好，还导致斑点反弹得越来越严重，都已经开始想要放弃。可听了李新对细胞呼吸免疫疗法的讲解，又让芳芳燃起了希望，因为做不坏，最坏也就是现在这样，于是选择用细胞呼吸免疫疗法技术给自己一次机会。一次机会就让芳芳折服，让她的皮肤重现生机，让她重获自信。

在两年的时间里，芳芳遇到过各种问题皮肤，最令她印象深刻的是她的老板贺总，她的皮肤问题是玫瑰痤疮，皮肤过敏，容易红，做了2次细胞呼吸免疫疗法，玫瑰痤疮基本上就控制了，但之前做过医美后遗症的问题出现了，下巴肿了。芳芳过去看她，就询问她以前是不是填充过下巴，贺总回想后告诉她，下巴在2015年填充过某品牌的材料。芳芳看了一下情况后，发现贺总跟其他填充过下巴的一样，但是又不像其他人填充的下巴，贺总的下巴已经下滑到下颌线下面，靠近颈部边缘，因为这里颈部淋巴结密集，贺总反馈说有时会扯着脖颈痛。芳芳其实挺担心的，于是就找到师傅李新询问："贺总需不需要去医院注射消炎针？"师傅说："是的，要去医院打消炎针，但这个可以用中医调理。"经过3天的漫长消炎等待，用竹罐细胞呼吸免疫疗法操作治疗医美后遗症，前8次每隔3天一次，每一次都有新的变化，第9次开始每隔1天一次。贺总感叹说："我的下巴终于有感觉了！感觉这才是自己的下巴。"第10次开始巩固下颌线，下移的奥美定也已经消完了，第12次重点反复操作下巴，因为下巴处还有一些物体，第15次后整个下巴就好得差不多了。

经历了这么多的个案，芳芳感慨说："其实不难发现，我们的问题皮肤，就是身体的一面镜子，湿寒瘀堵毒不排除，我们的皮肤新陈代谢慢，免疫功能下降，皮肤的吸收也就停留在表面，达不到皮肤底层，只有通过会呼吸的竹罐，在一呼一吸之间将我们皮肤底层的湿寒瘀堵毒提取出来，将养分送进去，激活半休眠状态细胞，皮肤毒素问题1分钟得到解决，让肌肤重现生机，让我们的皮肤恢复到健康美丽的状态！"

回首过往，尽管经历了风风雨雨，但是看到客户发来反馈变好的照片及感谢的话语，让芳芳相信，她的这份选择、这份坚守是有意义、有价值的。

芳芳感慨："自己要用余生守护这份事业，将中医古法皮肤康复调理事业传承下去，帮助更多的人。坚持不是一种选择，而是一种态度、一种永不放弃的精神。每一次坚持，都是对自己信念的坚定和力量的积蓄。"

附件：

到淮阳为太师公赵凤林先生庆祝 98 岁生日有感

九十八载春秋，在赵凤林的面庞刻下如古树年轮般的智慧纹路。这位端坐在中间圆桌的太师公，依然保持着少年般清澈的眼神，仿佛《黄帝内经》的墨香从未消散，仲景方剂的余温仍在指尖流淌。

调肤之术是岐黄秘术中的冷门绝学。赵凤林以独到的眼光在皮肤这个人体"第三大脑"上开垦出杏林新田。他独创的竹罐呼吸疗法将经络学说与皮肤屏障理论巧妙嫁接，让千年古方在当代焕发新生。那些被西医判为顽疾的皮肤重症，在他手下如融雪般消退。这不是神话，而是数十年如一日与脉象对话的结晶。

生辰宴上，烛光摇曳间，太师公突然伸手蘸起蛋糕上的奶油，在众人惊呼声中，将雪白膏体轻轻抹上自己沟壑纵横的面颊。"这润肤膏可比你们实验室的玻尿酸强！"老人家在皮肤上抹着奶油大笑，眼尾皱纹里跳动着顽童般的光。满座弟子慌忙举手机记录这珍贵画面时，他分别在左右脸上用食指在额头画出太极鱼图，在九十八道年轮上书写着返老还童的秘方。有人向他敬酒时，他还特意要闻一下别人敬的是水还是酒？现场气氛流满喜庆与欢乐。太师公思路非常清晰，98岁的老人谈起五运六气依旧神采飞扬，仿佛岁月在他身上只是叠加的智慧年轮。他的医者仁心，或许正是他长寿的秘方——以医道养心，以仁术济世。

当祝寿的弟子们唱起生日快乐歌时，太师公的脸上荡漾着孩子般纯真的笑，整个画面定格，瞬间幸福具象化。

💚 主编心语

对于当今众多"医美后遗症"所导致的"馒化脸、激素脸"，目前除再度手术治疗清除过度注射之外，很难找到不开刀、吃吃药、不动手术的解决方法。针对当前很多中医技艺正面临失传的状况，巫兰芳努力掌握赵凤林中医古法"竹罐呼吸疗法""中医古法调肤"技艺，帮助更多人解决"医美后遗症"皮肤康复问题。

赞赵凤林竹罐呼吸疗法"中医调肤"第六代传承人巫兰芳

少艾寻芳探橘泉，自医疣粒启灵笺。

竹罐呼云调玉色，麻霞尽散古方妍。

刘婷：赵凤林竹罐呼吸疗法"中医调肤"第六代传承人

刘婷（婷婷）来自江西赣州，从事中医调肤已经8年了。婷婷与中医古法调肤的缘分真的很奇妙，当时认识赵凤林竹罐呼吸疗法"中医调肤"第五代传承人李新是因为一个电话，就是试着提了一下想学习古法技艺。

没想到就是这个试一试的想法，让婷婷与李新结下了深厚的缘分，坚持和追随中医古法调肤事业多年。

婷婷从小就喜欢"美"的事物，出来社会后去学了妆造，开始了解美容行业，但是传统的美容业并不吸引她，觉得行业较为混乱，没有足够专业素养的要求。后来行业的专业性要求高了，婷婷就深紧扎进了问题肌肤的板块里，特别系统地学习了中医古法调肤技术，结合中医非遗的技术，帮助很多皮肤问题客户解决了问题性皮肤困扰，让她们彻底摆脱了皮肤上的烦恼。

婷婷印象深刻的一位客人是某大学的小提琴老师。她的气质和样貌都非常好，但是有一年突然身上、脸上开始过敏长疹子，因此，到处求医，找专家，最终只是把身上治好了，可是脸上怎么都好不了，这种情况伴随她有七八年。后面因一位调理好的姐姐的引见认识了婷婷，婷婷对她的皮肤进行分析，并制定调理方案，经过古法调肤调理了一个周期后，她就感受到皮肤的健康度出来了，往后坚持按婷婷的方案持续调理了大概五个月的时间，终于摆脱了七八年的困扰，再也没有全脸密密麻麻的疹子了。

有一位之前做过祛斑、敷过美白膜的客人，脸上的斑反弹得比原来更黑，形成了顽固型的真皮反弹斑。这位客人的皮肤情况的调理周期有近一年的时间，因为不能直接进行色素分解的方案，只能通过边修复边代谢，

所以速度会慢很多，一年左右时间给她做好了90%，再让她居家养护，慢慢皮肤越来越好。

附件：

到淮阳为太师公赵凤林先生庆祝98岁生日有感

溯源寻根守初心，承古开新护苍生

2025年3月18日清晨，我身着素衣立于淮阳伏羲统天殿前，晨雾中檀香缭绕，师父李新诵读祭文的浑厚嗓音穿透时空，将百年中医世家的记忆与华夏文明的脉搏重合。作为赵凤林非遗古法调肤技艺第六代传承人，这场为期两天的"溯源、寻根、找魂"游学，终于让我在千年文明积淀中寻得技艺之魂，在先祖智慧里照见传承使命。

溯文明之源，悟技艺之魂

站在神农五谷台抚触斑驳石壁，先祖尝百草制九针的身影仿佛浮现眼前。师父曾说："古法竹罐呼吸疗法的七十二味草药配伍，是神农精神的现世回响。"八年间，我以竹罐为舟、药液为桨，帮助上千余名激素脸漫画脸客户重获健康肌理，此刻方知每一次拔罐时的气血流转，都在续写着《神农本草经》的生命对话。当指尖划过弦歌台的千年碑刻，孔夫子"仁者爱人"的教诲与师父"为行业请命"的嘱托共振——古法调肤不仅是技艺，更是以仁心渡人的修行。

见百年风骨，铸传承之志

望着太师公浑浊眼眸中跳动的坚毅火光，98岁老人颤抖的双手仍能精准辨出黄芪年份的场景，让我顿悟何为"医者筋骨"。在物资匮乏的年代，他徒步百里采药救治麻风病患，用竹罐为战火烧伤的孩童止痛。对比今日科技昌明的美业乱象，这份"以苍生为念"的纯粹，恰是抵御浮躁的定海神针。当我在师门谱牒前郑重叩拜，掌心贴合过五代传承人名字刻痕的瞬间，突然懂得：所谓"第六代传人"，接过的不仅是药方竹罐，更是悬壶济世的精神衣钵。

秉正心正念，开传承新章

王景辰设计的"寻根地图"上，每个坐标都是打开文化基因的密码。他将现代传播学注入古法体系，教会我们以短视频展现竹罐疗法的美学意境，用生物力学解析古法配穴的科学性。正如师父李新所言："守正不泥古，创新不离宗。"如今我们已组建起横跨13国的传承者联盟，在米兰美妆峰会上展示竹罐疗法的东方智慧，更开发出适配现代肤质的智能配药系统。但每次操作前凝视祖传铜罐内壁的百年药渍，仍会想起弦歌台晨钟里立下的誓言：让每寸被修复的肌肤，都成为传统文化活态传承的疆域。

站在太昊陵千年柏树下，春风裹挟着药香掠过发梢。怀中的古法调肤谱系图微微发烫，那上面新增的第六代弟子名录，正与伏羲八卦图的爻线隐隐相合。我知道，当现代科技遇见千年智慧，当美业乱象中挺立起文化自信的脊梁，这份"以竹罐载道，以仁心济世"的传承，终将在我们手中绽放出照亮时代的光芒。

💚 主编心语

刘婷是一位非常专注、专心的人，在美业及康养领域考察许久，就是为了能选择一项可以做一辈子的事。赵凤林竹罐呼吸疗法"中医调肤"是一项古法传承技艺，最重要的是这项技艺没有任何后遗症。赵凤林竹罐呼吸疗法是非常难得的中医传承的瑰宝。

赞赵凤林竹罐呼吸疗法"中医调肤"第六代传承人刘婷

古法调肤刘婷专，非遗技艺解疑难。

中医瑰宝无遗患，溯源根治美颜还。

唐金园：赵凤林竹罐呼吸疗法"中医调肤"第六代传承人

来自江西宜春的唐金园（唐糖），从小皮肤就比较黑，梦想就是变白些，所以长大后也一直比较爱美，追求健康自然美，对中医非常喜欢，因为自己的老板而结缘赵凤林竹罐呼吸疗法中医调肤第五代传承人李新。当唐糖看到见到李新的皮肤后，就认定了这是自己所追求的事业，当即决定自己先打版。在操作过程中又

了解到它的原理，这是一个中医古法技艺，能从根本上解决皮肤问题，从而达到健康自然美，而且这种美是独一无二的，属于自己的。唐糖现在跟随李新，希望能将这份健康自然美传播下去。

在学习过程中，唐糖了解到赵凤林竹罐呼吸疗法来自历代中医世家传承。特别是第三代传承人赵凤林一生"只看皮肤不二谈"的专注精神，令唐糖非常感动。赵凤林那种"一根针捅破天"的专注精神，用祖传的方子、楝子（别名：楝枣子）、硫黄、大蒜等中药制作成外敷药膏涂抹皮损部位，治疗头皮癣病、疮伤、秃头癣等皮肤病具有很好的效果。帮助了上万人解决了皮肤病问题。赵凤林还将自己的方子无偿贡献给全省人民，同时，根据不同的皮肤病研发新的配方帮助人们解决皮肤病问题。例如，赵凤林用采集的艾叶、苍耳草、羊金花、薄荷等用来洗皮肤病，还将苦楝子研磨做成洗发膏用来洗头发，可以有效祛除当时流行的虱子病。

在学习过程中，唐糖了解到第三代赵凤林近100岁高龄经常义诊，给患者看病，视病人如亲人，每天给前来就诊的患头癣的病人理发、擦药，不能前来的患者，就登门回诊。

在跟随李新学习的过程中，唐糖看到李新

对待一位客户都是始终如一地认真，做得非常用心。感受到李新真的是在用心的使命帮助更多的"问题性皮肤"人群解决皮肤康复问题。从学艺到自己独立操作，在唐糖心中，赵凤林竹罐呼吸疗法是一个非常厉害的法宝，一个葫芦、一个竹罐、一个仪器就可以走天下，帮助很多人解决皮肤问题。

做了这么多案例，令唐糖最值得骄傲的是医好了闺蜜的激素脸。她是一个很爱美的女孩，但因为过敏，2年间什么护肤都不敢用，以致皮肤变差，而且在变天、干燥或心情急躁时脸颊都会泛红、痒，偶尔晚上会痒到睡不着，唐糖帮她调理了3个月就调好了。

目前碰到最难的案例也是闺蜜的激素脸。烂了近20天，在这个过程中不光要经常给她变换调理方案，还要时刻给她信心，关注她的心理，那时的她可以说接近崩溃状态，不敢出门见人，老公都嫌弃。

对唐糖来说，这份事业不仅在面部帮助人们解决问题，也在心灵上给人助力、给人自信、给人能量、给人力量。

167

主编心语

对众多医美后遗症来说，主要原因是过度注射导致毒素问题。而赵凤林竹罐呼吸疗法则是一项"取"出毒素的技术。

赞赵凤林竹罐呼吸疗法"中医调肤"第六代传承人唐金园

青囊六合溯云踪，竹罐吞霞透骨浓。

百载琼田翻玉浪，一呼一吸焕春容。

黄琳杰："中药汉方祛斑家族"传承人

黄琳杰，黄继光所在部队团部一名卫生员；东方皮肤中医健康理念管理构建者，"中药汉方祛斑家族"品牌创始人，女性生理调肤美容全案技术输出者，国家卫生部特殊用品化妆品资格持有者，广州琳杰美容科技有限公司的董事长，黄琳杰品牌的创始人和连锁美容品牌的创始人，中国美业发展践行者、见证者、拓展者、中国美业丰碑传奇人物。1968年，开始从事中医祛斑修复美容，通络活络调肤；1992年，获得中华人民共和国卫生部"特殊用途化妆品"许可证；1993年，项目入驻广州军区总医院（现在的南部战区总医院），致力于"皮肤瘢痕修复技术"研究工作。

血色药箱定芳华，黄琳杰的红色"汉方"之路

黄琳杰1947年出生于河南省上蔡县，祖籍湖北省湖北省武汉市黄陂区（当时叫黄陂县）。在那个年代，人们生病通常都看中医。黄琳杰看到村里老中医能治病救人，觉得成为一名中医可以帮助到更多的人，于是从那时起就热爱上了中医。

1965年，毛泽东主席指示把卫生医疗重点放到农村。黄琳杰被公社选送当地驻军"黄继光"所在部队团部卫生员，跟随所在部队军医系统学习卫生医疗知识。在部队里，黄琳杰了解到这是一支光荣的部队，曾参加过抗美援朝战争，团部卫生员的药箱曾浸染着血色与硝烟，是一个承载着生命重托的军用医药箱。当军医郑重地把这个药箱交到了年轻卫生员黄琳杰的手中时，她不曾想到，这抹永不褪色的红，将贯穿她跨越半个世纪的生命轨迹。

"古为今用，洋为中用"思想践行者

在部队当卫生员时，黄琳杰积极学习医疗卫生技术，并积极学习毛泽东思想，特别是毛泽东"古为今用，洋为中用"哲学思想深深地印在黄琳杰的中医理念中。

1954年7月9日，毛泽东在中央政治局会议上明确指出："中医药学是中国古代科学的瑰宝，也是打开中华文明宝库的钥匙。不要总是觉得外国的东西都好，中国的东西就不好，我们自己的好东西丢掉了，是要犯历史性错误的。"1958年

10月11日，毛泽东在《对卫生部党组关于组织西医离职学习中医班总结报告的批示》中，强调："中国医药学是一个伟大的宝库，应当努力发掘，加以提高。这些道理，直到现在还没有引起全党重视…西医要学习中医，要抽调100—200名医科大学或医学院毕业生交给有名的中医，去学他们的临床经验。"

1958年毛泽东批示"掘宝库"时或许不曾想到，60多年后在广州的实验室里，黄琳杰用纳米技术正解构着千年古方的分子密码。黄琳杰团队用现代科技重释《汉方神奇》祛斑修复配方，恰是"古为今用，洋为中用"的微观映照。黄琳杰用毛泽东的辩证唯物思维，用自己的脸反复试验，精练适合东方女性的美容调肤产品。

🌰 迎难而上破困局

创业之初，黄琳杰遇到了传统技艺与现代科学壁障难题，在测试第一代中药面膜时遭遇的微生物超标危机，这实质是农耕文明经验体系与工业文明标准体系的碰撞。手工研磨的药粉在水调过程中形成的微孔结构，恰似《齐民要术》记载的曲蘖发酵环境，这种传统智慧的自然

哲学，在GMP认证体系下却成了致命缺陷。黄琳杰引入纳米技术处理后，相当于将《本草纲目》的草本宇宙重构为量子世界。超临界CO萃取替代水溶法，在消灭微生物的同时，药性生物功能利用度提升数倍。

🌰 告别老部队踏往新征程

1968年，黄琳杰告别老部队和家乡支援新疆，申请将那个医药箱带着，药箱里永远备着自制的止血药粉和创伤药。因为这样可以随时随地可以帮到战士和人民群众。作为战士救护队员，她目睹了军医应用传统中医药在急救中创造的奇迹，在她心中埋下传承的种子。

1968年，她跪拜新疆创伤名医罗洪河门下，罗洪河是"祛斑瘢痕修复术"当地中医界"奇人"，一生致力于创伤验方临床应用。三载寒暑，黄琳杰跟随师父踏遍茫茫戈壁、雪山、沙漠、草原、湖泊、群山。辨百草、尝药性，将部队卫生员经验与传统医学淬炼融合。

后来调入乌鲁木齐某单位，在离开罗老师前，罗老师将自己祛斑创伤修复古方临床验方交付给黄琳杰，让黄琳杰发扬光大，看着泛黄的宣格纸上字迹斑驳，黄琳杰激动流泪，内心感受到那是师父内心深处的感慨和对未来的期许，更感受到师父那份医者仁心的赤诚。

改革开放的春风拂过珠江，年过不惑的黄琳杰攥着师传秘方，南下广州发展，所带的创伤修复与祛斑验方得到当时广州军区总医院（现南部战区总医院）的认可。当时黄琳杰在老式煤炉熬煮着首乌、白芷，药香氤氲中，她对照《本草纲目》反复调整配伍比例。1987年深秋，当第一瓶祛斑霜在广交会亮相时，玻璃瓶上"红色药箱传承"的烫金字样，折射出岭南晨光里跃动的希望。

从1973年10月加入中国共产党，50多年党龄如赤金，映照着这位女企业家鬓边的霜雪。从部队卫生所的简易药柜，到现代化制药车间里流转的自动化生产线，她始终将党员证贴身携带。当年战地医院用纱布过滤药渣的土法，如今升华为纳米萃取技术；昔日师父手写的配伍禁忌，转化成严谨的分子式配比。但那只褪色的军用医药箱，仍端放在董事长办公室最醒目的位置，箱盖上"救死扶伤"的字迹，历经岁月依然清晰如昨。

琳杰中药美容术"内外调养·活化皮肤""奇药"践行者、领先者

在20世纪六七十年代那个特殊的年代，做中医是不赚钱的，但黄琳杰没有放弃对中草药的研究，特别是祛斑与创伤修复的验方研究。转眼到了20世纪80年代，正值改革开放之初，黄琳杰就到广州来参加一些交易会，当时看到有些女人脸上出了一些"斑"问题，还有其他问题性皮肤及因为皮肤不好的缺陷造成一些家庭的破碎，这些问题都严重困扰着女性情绪的问题。黄琳杰心想这些问题都可以通过中医中药产品可以进行修复和改善的。可以用自己学习的中医理论知识应用到美容上，自己可以研究一种能解决女性美的问题产品，解决了当时女性所忧虑的问题。所以黄琳杰就决心将自己更多的时间精力放到美容这个行业。

1987年，黄琳杰在师父罗洪河老师指导下对"祛斑美容术"进行临床研究与产品的开发。从当归、川芎、甘草、白僵蚕等数百种名贵中草药选出十几种治疗面部和体表皮肤各类瘢痕与皱纹有效的中草药，并将这些中草药进行乳化

外用面膏和内服丸。将中草药精粹提炼的有效活性物使用安全化。有效调理人的内分泌，调理人的五脏六腑对瘢痕完整有独特的疗效。

为了测试瘢痕修复产品，黄琳杰就在自己面部来测试皮肤修复状况。在自己身上做测试。有一次，配方中的药物成分不准，导致自己脸上一下子长满了脓包，当自己的孩子见到妈妈满脸长的脓包哭着叫着让妈妈别试验了，身边的朋友同事也为这种"行为"不解。但黄琳杰坚定的信念是要为更多的女性找到美容真正有效的中药美容配方，首先自己要能治好自己的脸才行。

皮肤破坏性实验从1987年开始，时至今日，一直持续！

"祛斑修复"遇见琳杰，实现改变

黄琳杰常说："我们没有高大上的临床基地，我们的独一无二就是用自己的皮肤反复试验就是我们的特殊开发产品的基地。"

到了广州军区总医院（现南部战区总医院）后，黄琳杰又请了20多位患有各种面部瘢痕的女性进行临床应用结果30天后奇迹出现了原来的黄脸白脸变成了白脸黄褐斑雀斑不见了。接着为300多名中老年妇女进行"祛斑"美颜还童技术。经过反复测试，确保产品能有效提高皮肤细胞内的保护和修复，促进皮肤真皮细胞弹性蛋白纤维和胶原蛋白纤维的合成。结合现代新药与药理的反复实践研究而成外用膏霜外敷。使药物通过面部表层渗透到皮下，加速患者面部皮肤的血液循环加快表皮细胞的新陈代谢达到活血化瘀的目的。根据患者体内急症加服中药，调整内分泌，达到标本兼治的目的。

对于男女面部黄褐斑、雀斑、日晒斑、老年斑、妊娠斑、蝴蝶斑、搔抓后遗症，痤疮后遗症酒渣鼻，掌跖角化症，皮肤粗糙，老年斑有很好的治疗效果。通过中医原理，将白芷、茯苓、丹参、三七等方剂应用到改善皮肤微循环善提亮减少暗沉等起很好的作用。

通过近万次产品测试后，终于在1998年7月6日中华人民共和国卫生部批准了琳杰名下公司系列祛斑产品。同时黄琳杰相关产品获得国家祛斑面膜等产品专利。从1968年到

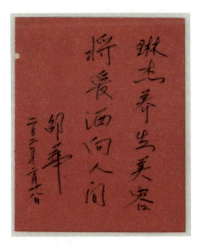

琳杰养生美容
将爱洒向人间
邓华
二〇二〇年夏吉

171

现如今，黄琳杰女士已从事中医美容行业近50年。

曾有一位客户诗赞黄琳杰女士：

焕颜圣手起琳家，妙手回春誉海涯。

古法调元平瘢迹，灵枢养正焕云霞。

四时辨症施砭术，八法融通绽玉华。

巾帼长缨持杏卷，新开美业汉唐花。

"美界"女性生理调肤中医美容应用者"奇术"

《黄帝内经·灵枢·通天篇》中说："凡五人者，其态人者，其态不同，其筋骨气血各等。"意思是说，不同的人在体型、肤色、性格、饮食偏好等方面都会有所差异。人与人的差异不仅仅表现在外部，内部气血的多少，阴阳的盛衰也是有差异的。

中医《黄帝内经》提倡"四时养生、调摄情志、导引按摩、吐纳服气"等养生美颜方法。唐代著名医学家孙思邈，在《备急千金要方》《千金翼方》中共载美容方105个之多，详细记载了面药、面脂、手膏澡豆美发、除臭诸方等美容方剂的组成、配制、功效及用法。

明代著名的医学家和药物学家李时珍所著《本草纲目》收载美容药物270余种，收集了诸多有关饮食、药物养生的方法，这些都对后世中医养生驻颜起着巨大的影响。

黄琳杰美容根植中医养生平和养颜理论的实践研发。从局部入手，利用大自然给予的各种植物中草药"对症下药"，疏通瘀堵，恢复气血供给，通过解决局部"微循环"问题，重塑肌肤的修复代谢功能。

"琳杰美容"聚焦"中药祛斑"奇方

经过40多年的发现，如今琳杰美容已拓延至今"五大系"，全案解决方系统化地塑造出东方中医美容体系之路。研发出来五个板块：

（一）头发上的，从毛囊发根处，补全先天不足，可以让白发转黑发。脱发是由于熬夜造成的一些压力和大气污染。尤其是很多年轻人，本来不到该脱发的时间，他们脱发了很苦恼。

（二）面部中药"祛斑"问题，对当代女性来说也就是我们常常说的面子问题，"斑"就是雀斑、黄褐斑、妊娠斑、老年斑。还有这个是痘类的，琳杰美容运用中医原理采用"内外调养、活化皮肤"形成了祛斑、修复、美白、抗衰四位一体综合治理皮肤的方略，帮助更多女性告别面斑。找回了青春。

（三）中药丰胸、健胸、美胸，很多女人由于生活的压力，生活不规律造成的这个胸部淤堵，甚至早期得这个乳腺增生。当然有乳腺增生的不一定是癌症，但是癌症它的前兆一定是有乳腺增生的。这一部分人女性的问题，琳杰美容通过中医理念方式让女性胸部防护养生实现健胸美胸。胸部的护理这一块也是黄琳杰做得非常出色的一个产品与品牌系统。

（四）腹部，中药内服"创造性的内服美容开先河"，三清一调固本减肥，尤其是过早的肥胖，内调外用，减肥无需节食。

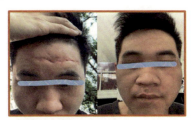

（五）私密，是指妇女的私密部位。现在过度的压力造成女性过早地进入衰老期，造成荷尔蒙流失、雌性激素流失，使得黄琳杰的产品和美容术深受广大女性的欢迎。黄琳杰一直坚持的是中医中药。因为她要传承这些中医中药，这是老祖宗留下来的宝贵东西。它里头就是说通经活络，活血化瘀，用一些西药的东西，造成皮肤的一种破坏性，使胶原蛋白流失，破坏它的微循环。但是中医中药呢，涂上去了以后，它就能够修复它的微循环。

前不久有一个小伙子出了车祸。这个小伙子也是家庭经济条件不是很好，出了车祸以后把面部造成受伤了，要是如果去到医院里去做整形的话，大概最少算起来要十几万，这是最少的。后来到黄琳杰这儿来以后，她跟他用中医中药敷一敷，过一段时间基本上平了，也就花的还不到一万多块钱。所以说帮人也是弘扬了中国的中医中药。

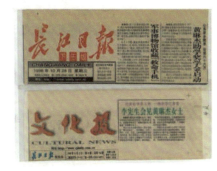

所以黄琳杰想打造一个传承的百年老字号企业，把中医中药世世代代相传下去。

🌿 爱家乡，黄琳杰助学讲学基金

1998年，黄琳杰设立助学奖学金66万元，助学环城街青仔小学等。黄琳杰大爱仁心"捐资助困生行动"受到时任武汉市市长李宪生（湖北省原副省长）赞扬。黄琳杰助学奖学金基金会在湖北武汉黄陂区正式成立湖北武汉电视台给予了报道。

💚 主编心语

黄琳杰人生故事非常传奇，祖籍湖北省黄陂县（现湖北省武汉市黄陂区）、出生于河南省上蔡县，成长于部队，可以用"奇人""奇药""奇方""奇术"来概括黄琳杰女士对"美的事业"及对"中医药事业"的热爱。琳杰女士出生于1947年，从部队团部卫生员到响亮岭南的"中药汉方祛斑家族"创始人。如今年近80岁高龄的她还一直坚持新祛斑技术研究。她的人生使命是通过祛斑修复技术帮助更多"女性全生理周期调肤美容技术方案输出提供者"，致力于帮助更多女性活出自信丰盛美丽的人生是她毕生的终极追求。目前琳杰女士所创建的事业已传承第三代，她关注更多是帮助女性事业使命精神的传承。

赞"中药汉方祛斑家族"传承人黄琳杰

灵枢自有蕴丰华，古药奇方美誉嘉。

修复瘢痕消旧迹，精调肤色绽新霞。

晨寻白芷山边绕，暮撷茯苓村口拿。

五十春秋圆一梦，花城翘楚最堪夸。

大医献方

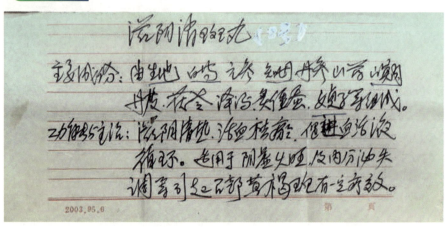

结　语

　　《大医足迹》编委会专访很多位中医人,令笔者感触颇多。据2023年有关数据,全国卫生总费用达到9万亿元以上。某国总统候选人调侃:"中国医疗是最赚钱的行业之一,中国医疗产业是最赚钱的领域之一,建议某人可以在中国开设医院继续工作。"这虽然是一个调侃,但令笔者反思:我国的医疗费支出为什么会如此之高? 笔者总结原因如下: 一是整个医疗话语权标准规则都掌握在西方手里;二是受西方意识形态影响,中国人对科技长命"长生不老"依信,如只要有钱就可以"换肝""换肾""换心"。笔者认为,人们正在走向一种过度欲望甚至扭曲的信念与价值观,而且这种错误的信念与价值观也当今人们遇到了最大的危机。

　　中医倡导健康的生活方式、健康养生、健康预防。当今时代,人们如果不重视中医,就会被这种"过度医疗"掏空。中医讲究治未病,更是一种正确生活的价值观,那种换肝换肾、长生不老本身就是一种错误的价值观,甚至扭曲的价值观。

　　无论是在西方还是在东方,有基本健康常识的人都知道,人的大多数疾病都是与错误的生活方式所导致的健康问题有关。在走访中,笔者发现有的医院以住满患者为荣,小问题也想让人住院,因为医保报销比例高,双方都可以满意,实则是大家一起花国家的钱,但要真正改变还要从机制着手,从源头着手。

　　由此,笔者心中生出一种为传统中医及中医人请命的使命感,如果我们每一个家庭都有一位懂中医的人,健康生活方式用中医理念,做人修养心性用中医理念,预防疾病用中医理念,那么我们的身体会更健康,精神会更健康,就可以少看病、少花钱,从而减轻百姓与国家的医疗负担。如果能将擅长中医的医者及验方汇集起来,通过大数据,就可以让每一个人就近精准找到对应的医者,从而让中医不仅可以医身,也可以通过中医理念"医心",从而树立正确的信念与价值观。

都说高手在民间，民间有如扁鹊般医术高的中医人。对于一些有症没有病的问题、一些疑难杂症问题，西医看不好的，到民间找中医，反而可以看好。例如，谭先生的妻子扁桃体发炎，西医说要开刀切除，谭先生妻子说："眼看快过年了，动了手术这个年怎么过啊！"谭先生找到一位民间老中医，看后开了一个中医方子吃了三服药，扁桃体发炎就好了。还有一些高血压、脑梗、痛风等症状，在有的中医手里只需针灸几下就能立刻见效，不可谓之中医神奇。

还有如扁鹊二哥的中医人，擅长轻微之病，让病人少苦痛，能不动手术尽量不动手术，能不打针尽量不打针，能不吃药尽量不吃药，会用无后遗症的方式来帮助患者康复调理的方法来解决问题。例如，有一位朋友的小肚子处老是感觉气胀，到医院做了很多检查，看了很多医生都没有检查出问题是什么，找到一位民间正骨调气的传承人，做了一次"脏腑归位"手法按摩就好了，气一下就通了，真的非常神奇。

从中医角度来看，人的健康出现问题，最初的源头不是阻了，就是卡了，慢慢积累导致出现了健康问题。民间古法调理人更在意肌体状态康复调理及养生理论与技术应用。

当然还有一些医师们强调"预防为上"，如什么季节吃什么保养、什么体质在什么季节吃什么等养生技巧，真可谓中医版的"生命健康使用说明书"，认真了解下来，能时时刻刻感受自己的护理时间到了。

由于"医"话题较为敏感，因此，在医疗市场化的今天，患者关系、医与药利益纠缠等新闻事件不断曝出。老百姓怕去医院，怕看病难，怕被过度医疗，怕到医院脑袋晕晕、口袋空空等问题有待解决。

在国家大力推动的"非物质文化遗产"目录中，各地省、市、县人民政府都有申报或批准传统中医疗法或康复调理古法传承项目及传承人目录。在民间，传承与保留古法可以很好帮助人们康复调理身体，但他们大多数并不是读医学专业的，更不用说考取医师执业资格。师承特有专长能取得资格证书的人也凤毛麟角。对于非医类，政府相关部门应给予多些渠道。

有一个政策落地难的问题，如某一中医馆具有完善的相关医疗资质，创始人具有医师资格，其所采用传承古法治疗对解决相应的疑难杂症也非常有效。符合申请条件，单位提交资料到文化主管部门都通过了，到最后镇领导却不同意，说："这个是属于医疗项目范围，今后出了医疗事情我有责任怎样办？"这句话让申请单位有点失望，好比怕孩子变坏，就不要生孩子的思维一样。

在民间，有种说法：想让两个人吵架很容易，叫一个西医和一个中医过来比较谁最厉害，马上就会吵起架来，因为谁都说自己的领域最厉害。

中医是不是"医"？中医当然是医，但笔者认为中医并非仅属于医学范围的专属用词。中医更是中国文化用词，中医起源于民间，也用于民间。中医是中华民族预防性医学，是生命养生学，是中国人的生命文化观学。

《大医足迹》编委会围绕着什么是大医，在序言时对"大医"的中心思想理念进行了阐述。真正大医是"至精至微之事、大慈恻隐之心"的人。这里包含健康养生、康复调理、药食同源、疾病预防、疑难杂症、非遗、特长医师等。由此划分为执业医师、专家教授、师承特有专长、非遗传承、中医古法传承。

传统中医的发展与传承离不开热爱中医的铁杆群体，当然，这里也有一些为赚钱用想中医谋生的人。我们应回到中医学的原点，就是初心，"广告不如疗效，金杯银杯不如老百姓的口碑"，在各种营销满飞的信息时代，相信老百姓的眼睛是雪亮的，唯有回到用心为群众服务，赢得老百姓的口碑才是真正的王道。在"酒香也怕巷子深"的冲击下，中医人想定住自己更难了，在"医患矛盾"时有发生的今天，重塑信力更需要强大的"初心使命"。

177

在走访中，笔者了解到一些中医人的现状并不太乐观，有的中医医师有技术，但推拿按摩一个小时十几、几十元，这样的收入在一线大城市确实尴尬，因为这样低的费用就是一天12小时不休息，也不够交房租。也遇到很多奇特的现象，一些医生不太爱看诊了，而是热衷各类保健养生品的推销与宣传。也有一些中医人坚持自己"中医人的良知"把中医作为热爱的事业、作为使命的事业。无论怎样，真正医者的精神原点，应回到孙思邈在《大医精诚》一书中所强调的医者应有高尚品德和精湛医术，即"医术应是'至精至微之事''大慈恻隐之心'。"

在此，要感谢中国网健康中国频道总监王子枫、副总监许晴晴的大力支持。感谢花都区花山镇党委书记吴勋、二级调研员包月林的支持。感谢花山镇郑国明先生的大力支持，感谢曹晴华先生多方协调挖掘民间中医人。特别感谢赖炯轩先生的爱心支持，感谢李伟清先生的大力支持，感谢世界图书出版广东有限公司郭军方编辑的用心指导，感谢笔者的人生导师王仙荣给予的很多指导。

在此特别致敬程涛副院长，在《大医足迹》的丰碑上，镌刻着通许第一医院程涛副院长赤诚的医者初心。身为华夏儿女，他以"不为良相便为良医"的家国担当，用行动诠释着新时代中医人的使命。面对疑难重症患者，他带领团队攻坚四大医疗工程，让无数徘徊在脑梗心梗边缘的生命重获新生；俯身田间地头，他手把手培养村干部识药辨医，将山野河畔的野生草药化作富民产业，用中医智慧点亮乡村振兴之路。这位白衣行者始终怀揣三重情怀：对病患，他常怀医者仁心，在诊室彻夜守候；对群众，他秉持悲悯大爱，为困难家庭点亮希望之灯；对中医，他坚守文化传承使命，以"行"的力量重塑诊疗价值观。当现代医疗遇见千年岐黄之术，他架起桥梁，让原生态种植的药材走出深山，让正确健康理念回归生活。

　　程涛副院长用脚步丈量医者之路，以行动书写大医精诚。他不仅是妙手回春的杏林圣手，更是中医文化传承的燃灯者，用毕生践行着"悬壶济世，医道为民"的誓言。这份将个人理想熔铸于家国命运的赤子之心，恰是新时代中医人最动人的精神丰碑。

王景辰

2024年9月23日